# CÓMO SER UNA
# BRUJA
## MODERNA

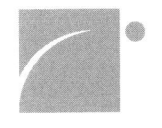

# CÓMO SER UNA BRUJA MODERNA

## GABRIELA HERSTIK

Traducción de María Angulo Fernández

**Roca**editorial

Título original: *Craft. How to Be a Modern Witch*
© 2018, Gabriela Herstik
Fotografías: © Alexandra Herstik
Ilustraciones lineales: © Ollie Mann
Carta astral original: © Rursus Wikimedia Commons
Primera publicación en 2018 por Ebury Press.
Ebury Press forma parte del grupo Penguin Random House.

Primera edición: octubre 2018

© de la traducción: 2018, María Angulo Fernández
© de esta edición: 2018, Roca Editorial de Libros, S.L.
Av. Marquès de l'Argentera, 17, pral.
08003 Barcelona
actualidad@rocaeditorial.com
www.rocalibros.com

Impreso por Egedsa

ISBN: 978-84-17305-03-1
Depósito legal: B-20127-2018
Código IBIC: HRQX5; YN

Todos los derechos reservados. Quedan rigurosamente prohibidas, sin la autorización escrita de los titulares del copyright, bajo
las sanciones establecidas en las leyes, la reproducción total o parcial de esta obra por cualquier medio o procedimiento, comprendidos
la reprografía y el tratamiento informático, y la distribución de ejemplares de ella mediante alquiler o préstamos públicos.

RE05031

# Índice

Introducción: conceptos básicos brujiles — 7

1. En qué creen las brujas — 41
2. Todo es energía — 89
3. Interpretar las señales: el tarot — 109
4. El velo de la elegancia: moda mágika — 143
5. Estilo de vida de la bruja verde: magiak de la Tierra — 171
6. La Luna como musa: magiak lunar — 197
7. El abecé de los cristales y la astrología — 227
8. No recurras al grimorio de tu abuela — 259

En conclusión — 279

Lecturas adicionales — 283
Agradecimientos — 284

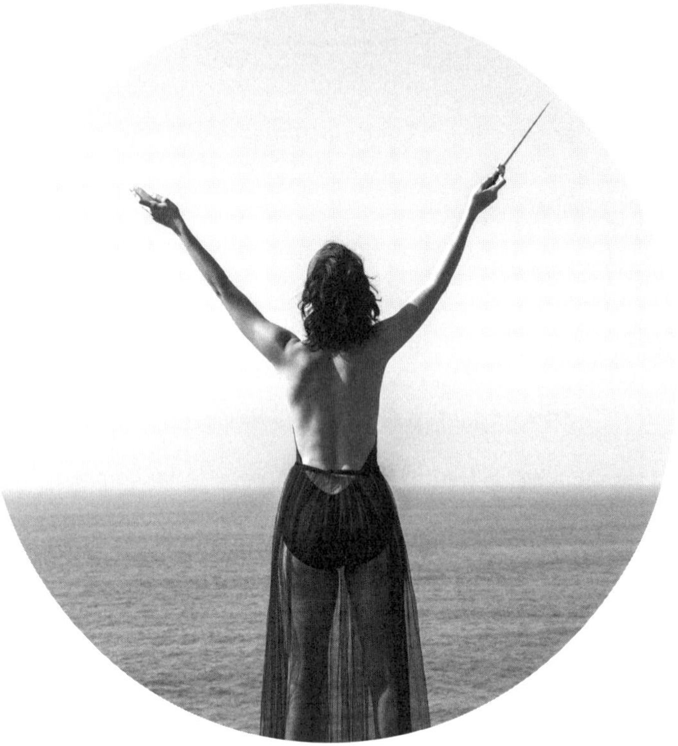

INTRODUCCIÓN

# Conceptos básicos brujiles

NOS ESTAMOS DESPERTANDO.

Y CON NUESTROS OJOS MIRANDO LA LUNA, RECORDAMOS LA VERDAD ETERNA.

ERES UNA BRUJA.

ESTÁS HECHA DE MAGIAK.

ES HORA DE RECORDAR.

Convertirse en bruja es un despertar, un recordar, una iniciación. Es un cántico que entona un mantra —«Vuelve a casa, vuelve a casa, vuelve a casa»—, porque incluso cuando crees que estás perdida, no lo estás.

Además de estudiar los cristales, el tarot y la astrología y de conocer los solsticios y las lunas llenas, las brujas de hoy en día también integran hechizos modernos y magiak en sus vidas cotidianas. Y lo hacen porque en este momento navegamos por un océano cultural y político incierto y, por lo tanto, anhelamos establecer una conexión más profunda con algo mayor que nosotras. Y, para muchas mujeres en particular, el arte de la brujería es una forma de reclamar esa naturaleza divina y de explorar un camino que nos empuja a encontrar un vínculo con el mundo natural y a descubrir de qué forma nos afecta.

Llevo practicando brujería desde hace más de una década, pero emprendí ese viaje mucho tiempo antes, cuando mi madre me regaló un cristal. Según ella, debía apretarlo bien fuerte cada vez que me enfadaba con mi hermana gemela. A partir de ese momento, mi interés por lo esotérico y lo oculto empezó a crecer. Cuando recibí mi primer oráculo, mi vida cambió para siempre. Lo recordaré siempre: *El Oráculo de las Hadas*, ilustrado por Brian Froud. El mundo de las hadas me tenía cautivada y recuerdo leer y releer un libro en particular, *Guía de las hadas y otros seres fantásticos*, de Edain McCoy. Tres años después, visité la ciudad de Salem y aprendí en qué consistía la brujería. Pese a mi temprana edad —acababa de cumplir los doce años—, sabía que iba a ser una bruja. Y, desde entonces, me he dedicado a comprender lo que significa ser una bruja moderna y he combinado mis dos pasiones, la ropa y la moda, con la magiak y los trabajos energéticos. Estoy convencida de que, si canalizas la sabiduría ancestral y la aplicas en la era moderna, serás capaz de acceder a esa parte intuitiva, omnisciente y poderosa de tu ser de una forma fácil y sencilla. Y si vives en armonía con la naturaleza y sus ciclos, podrás ocuparte de tus ciclos y de tus necesidades de una forma mucho más eficaz. Ser una bruja significa vivir el mundo de una forma consciente, poderosa y sin complejos ni remordimientos.

Este libro es un regalo, una ofrenda a la mística moderna que quiere adentrarse en el mundo de la brujería pero no sabe por dónde empezar. Considéralo como una guía del mundo espiritual, como un manual que contiene los principios básicos que toda mujer debería aprender sobre el misterioso universo de la brujería. Además, te enseñará a incorporar la magiak en tu vida cotidiana sin tener que gastarte un millón de euros. Este libro define los conceptos fundamentales de la brujería e incluye un sinfín de hechizos y rituales que puedes llevar a cabo para despertar a la bruja que llevas dentro. Pero el principal objetivo de este libro es enriquecer tu vida y llenar lo mundano con un poquito de magiak.

Después de todo, las mujeres son las que lideran este mundo, y las únicas que pueden llegar a ser brujas. Este libro está dedicado a todas ellas.

# Y bien, ¿qué es la brujería?

La brujería es un camino por la Naturaleza, una ciencia que venera la Tierra porque la considera madre, sanadora y diosa. También es una manera de honrar, aprender y explorar todos los seres vivos y energías que deambulan a nuestro alrededor, incluso aquellos que somos incapaces de ver con los ojos. La brujería es magiak y se sirve de intenciones, a través de hechizos y rituales, para conseguir sus objetivos. En este caso, nos referimos a magiak porque distinguimos nuestro arte y nuestra destreza como brujas de los juegos de manos y trucos de magia que suelen verse en los escenarios de algunos teatros. Es un camino que te enseña a percibir lo desconocido y lo invisible al ojo humano; es una nueva forma de ver la vida y, maldita sea, ¡es fabulosa!

Pero la magiak no es igual para todo el mundo. Hay varios factores que definirán tu práctica y destreza, como el lugar donde vives, tus creencias espirituales, tu intuición y tus intereses y pasiones. El camino que recorras no tendrá nada que ver con el de tu mejor amiga, por ejemplo, pero de eso se trata. Tu práctica es como un cóctel mágico, como una receta secreta que solo tú conoces y que nadie puede arrebatarte. Da lo mismo el cóctel que se esté bebiendo el resto de la gente; lo importante es que el tuyo te resulte delicioso y refrescante. *Tu magiak no debe parecerse a la de otra persona para ser válida*, eso es algo en lo que siempre hago especial hincapié. Este libro no es como un prospecto que debes seguir al pie de la letra, sino una invitación a explorar y a encontrar tu propio camino.

Adapta estas palabras, hechizos y rituales como tú creas conveniente, honrando siempre tu propio poder e intenciones; tu magiak es mucho más fuerte e intensa cuando sale del alma. La brujería evoluciona con la Tierra y las personas que habitan en ella, por lo que no es la misma que hace cincuenta años y tampoco lo será dentro de medio siglo. Las culturas, la ubicación geográfica y la composición energética de una zona influenciarán la forma de magiak que se practica.

A través de ese contacto directo con la Tierra, que despertará esa fuente inagotable de conocimiento necesario para alcanzar nuestros objetivos más íntimos, una bruja podrá moldear su destreza a su antojo. Lo mejor de todo es que ya eres una bruja. No tienes que convertirte en bruja porque ya lo eres; solo tienes que recordarlo. Todos los seres humanos podemos vivir en armonía con la Tierra y con sus energías, tal y como hacían las brujas de antaño. Por supuesto, se trata de un don que una debe ir trabajando y cultivando, pero las semillas ya están plantadas: necesitan que las riegues para empezar a brotar.

# La bruja

Una bruja es muchas cosas: la curandera, la ramera, la soltera sin hijos, la activista, la paria; las brujas siempre han existido y siempre existirán. Una bruja es una sanadora, una mujer en armonía con su sexualidad, alguien que trabaja codo con codo con la Tierra, cualquier persona que se rige según sus propias normas. En muchos casos, las brujas fueron las manifestantes más aguerridas, las catalizadoras, aquellas que reivindicaban justicia y utilizaban todas sus armas, físicas y de cualquier otro tipo, para provocar un cambio. Una bruja siempre ha sido alguien que se niega a seguir las normas sociales de su época. Es como una forastera, arraigada a sus propias decisiones, a su firmeza; la bruja siempre ha sido, y siempre será, una amenaza.

# Una historia muy breve

La historia de la brujería está plasmada en las paredes de varias cuevas, en lugares ancestrales y remotos. Todas esas imágenes se dibujaron hace mucho tiempo, en una época en la que la vida y la muerte estaban encerradas en un baile diario. Según *La danza en espiral*, el texto básico y transcendental de Starhawk, escritora y activista estadounidense, el arte de la brujería se remonta a hace más de 35.000 años, cuando los cazadores se conectaban con las manadas de renos o de bisontes a un nivel energético. En esa época, algunos animales se dejaban cazar para así poder ser ofrecidos como sacrificio. Esos cazadores fueron los primeros chamanes, pues eran conscientes de que todos los seres vivos de este reino estaban conectados entre sí, aunque fuese de forma sutil, y también fueron los primeros en reconocer la danza de la vida, de la muerte y de la reencarnación.

Las primeras brujas fueron aquellas que veneraron la Tierra y vivieron rigiéndose por los ciclos de la Luna. En Europa del Este, la Luna estaba tallada en piedra. En la parte occidental, en cambio, se honraba en las paredes de las cuevas, a través de pinturas de bisontes y caballos. Los registros de las fases lunares se esculpían en hueso, y la diosa se dibujaba sujetando el asta del bisonte, el símbolo de la luna creciente. La tribu africana yoruba veneraba a la diosa como Oshun y Yemoja, las diosas del amor y los misterios femeninos. En China, en cambio, era Kuan-Yin, la Diosa Madre de las oraciones. Estaba presente en todos los rincones del planeta, pero con distintos nombres. Era la personificación de la Madre Naturaleza.

Poco a poco, los asentamientos fueron convirtiéndose en comunidades y las civilizaciones empezaron a compartir sus conocimientos sobre lo natural y lo mágico; al cabo de un tiempo, se formaron los primeros aquelarres o grupos de brujas. Las primeras brujas celebraban lo que denominaban «grandes festivales»: equinoccios y solsticios, además del primer día de cada cambio de estación. Las brujas de hoy en día también celebran estas fechas tan señaladas, y que comentaremos con más detalle en el capítulo 1.

Pero todo eso cambió en 1486, cuando se publicó el *Malleus Maleficarum* (*El martillo de las brujas*), escrito por los monjes dominicos Heinrich Kramer y Jacob Sprenger. Este libro era un manual para la caza de brujas y arrojó una sombra de terror por toda Europa que duró varios cientos de años. La brujería se convirtió en una ofensa que podía castigarse con la pena de muerte. Curanderas, médicos, mujeres sabias y formadas y muy especialmente comadronas se convirtieron en el objetivo más perseguido durante las cazas de brujas. La pena de muerte no se revocó hasta la Ley de Brujería de 1753, firmada en Gran Bretaña; a partir de ese momento, las brujas debían cumplir pena de cárcel o pagar multas desorbitadas por ser quienes eran. Esa ley, por cierto, no se abolió hasta 1951. Y, aun así, todavía se siguen realizando cazas de brujas en distintas partes del mundo, como en Tanzania.

Así pues, ser una bruja en estos días implica recordar a todas las que han existido antes para así saber dónde estás hoy. Es tu responsabilidad cambiar la historia de las brujas, redefinir quiénes son y revivir su antiguo poder; debes dar la bienvenida a quien se cruce en tu camino pero sin olvidar a aquellas que nos permitieron estar donde estamos ahora.

# Conceptos básicos brujiles

## Magiak

La energía es tu mejor amiga. Siempre ha estado ahí para ti, siempre. ¿Recuerdas el viejo dicho: «La energía ni se crea ni se transforma»? Pues bien, eso también se puede aplicar a la magiak. La energía de este Universo siempre ha estado y siempre estará aquí; es la canción de la vida y el beso del Cosmos. No es solo electricidad, sino también tus ideas y tus sentimientos. Y, además, es el ingrediente secreto, junto con el alma, para que la magiak funcione.

La magiak consiste en energía e intención; es una forma de manifestar un objetivo o efecto deseado. Los símbolos, las historias y los rituales son el lenguaje del subconsciente, que nos ayuda a acceder a nuestro inconsciente, el rincón de nuestra mente en el que la magiak se manifiesta. La magiak se puede practicar de muchas maneras distintas, pero en general se hace a través de hechizos y rituales. Sin embargo, también puede practicarse de una forma mucho más sutil, como hablándole a la Luna, o encendiendo una vela para cantar el «Cumpleaños feliz». Magiak también es escuchar a las flores cuando te dicen que te quieren o llamar por teléfono a una amiga antes de que te lo pida.

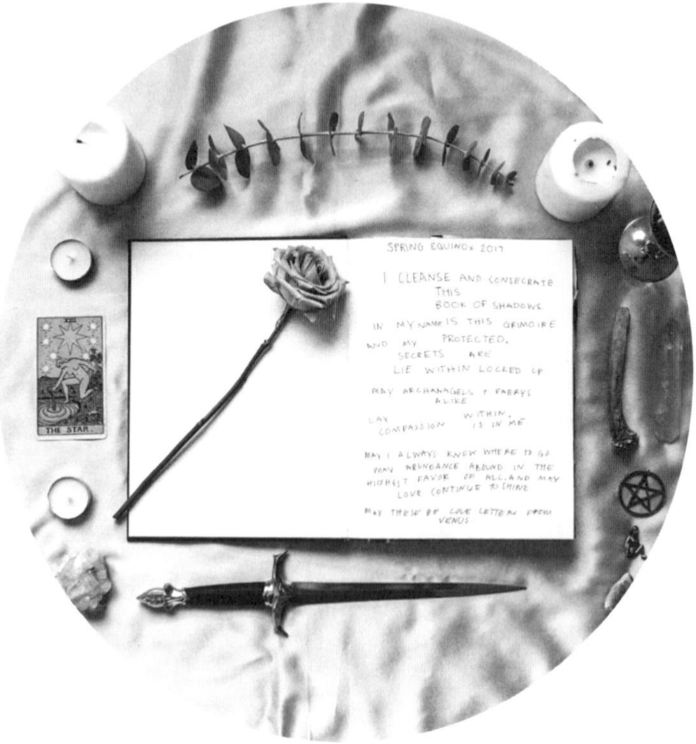
SPRING EQUINOX 2017
I CLEANSE AND CONSECRATE
THIS
BOOK OF SHADOWS
IN MY NAME IS THIS GRIMOIRE
AND MY PROTECTED.
SECRETS ARE
LIE WITHIN LOCKED UP
MAY ARCHANGELS + FAERYS
ALIKE
LAY WITHIN.
COMPASSION IS IN ME
MAY I ALWAYS KNOW WHERE TO GO
MAY ABUNDANCE ABOUND IN THE
HIGHEST FAVOR OF ALL. AND MAY
LOVE CONTINUE TO SHINE
VENUS
THE STAR.

Aunque algunas brujas se llaman a sí mismas «brujas blancas» o aseguran practicar «magiak blanca» o «magiak negra», lo cierto es que en este libro no encontrarás estos términos. La magiak, en su esencia, es energía. Y la energía no es blanca o negra, ni nociva o inofensiva; eso dependerá de cada bruja y de lo que esta decida hacer con su energía. Etiquetar lo que parece positivo como «magiak blanca» y lo que parece negativo como «magiak negra» es un grave error. El blanco atrae la energía, tanto la buena como la mala. El negro, en cambio, la repele, tanto la buena como la mala.

Una forma de magiak que no pretendo explicar ni debatir en este libro es aquella cuyo objetivo consiste en alterar, manipular o dominar la voluntad de otra persona. Actuar en contra de la voluntad de alguien siempre sale mal. En lugar de lograr el objetivo, se vuelve contra ti. Usar tu magiak para manipular a otra persona no es ético, ni moral. Y aunque hay momentos en la vida en que uno puede estar tentado a hacerlo, este tipo de magiak solo puede utilizarse en casos muy puntuales. Por ejemplo, aunque no se aconseja realizar hechizos de amor porque los resultados son impredecibles y casi siempre desagradables, un hechizo de destierro (consultar la página 212) podría ser de gran utilizad para protegerse de las vibraciones negativas de alguien.

Por último, pero no por ello menos importante, no debemos olvidar que la magiak es el poder de la bruja, y no los objetos mágikos en sí mismos. Tú eres magiak. Sí, todos esos cristales son preciosos y las cartas del tarot que has comprado te ayudarán a despertar y a explorar tu magiak. Pero tú eres los rayos de Sol, los mismos que pueden atravesar el cristal de una lupa y encender un fuego. Tú eres la pieza más importante del rompecabezas.

# Hechizos y rituales

¡Sí! Ser una bruja implica saber preparar y lanzar hechizos. No son la panacea, evidentemente, ni tampoco resolverán el problema en un abrir y cerrar de ojos, pero los hechizos existen y funcionan. Un hechizo pone de manifiesto un deseo en concreto y, en general, va acompañado de una visualización, una frase o un cántico, además de correspondencias mágikas, como hierbas, velas o cristales. Un hechizo altera la energía para así poder cambiar cosas y debe incluir, a partes iguales, intención, preparación, emoción y las herramientas que se tengan a mano. Oh, y el ingrediente mágico, por supuesto: ¡amor! En la mayoría de las ocasiones, cuando una bruja echa un hechizo, crea un círculo para encerrar la energía y alejar cualquier tipo de negatividad. Si lo imaginamos como una esfera, el círculo es un encuentro entre los mundos, un escenario seguro donde explorar la magiak y la energía. (Consultar página 51, en cómo crear tu propio círculo.)

Y aunque reservamos el uso de hechizos para momentos específicos, lo cierto es que cada día los lanzamos con nuestras palabras y nuestras decisiones. Las quejas que has expresado durante el almuerzo y los cumplidos que has dedicado mientras tomabas un café también son hechizos. Todo es cuestión de energía, ¿recuerdas?

Una bruja siempre prepara un hechizo durante un ritual. Este término abarca todas las acciones que se llevan a cabo cuando nos conectamos con algo, ya sean nuestros ancestros, nuestro corazón o nuestro inconsciente. Los rituales son momentos sagrados que podemos disfrutar una y otra vez para crear una especie de patrón sagrado. Un ritual puede consistir en crear un círculo, en quemar unas hierbas, en conectar tu energía con la Tierra (consultar páginas 33, 34 y 35), en invocar a los elementos (hablaremos de eso más adelante) y, por último, en lanzar un hechizo. Los rituales son, en general, más largos, laboriosos y complicados que los hechizos y suelen requerir la energía que se libera en un cono de poder. No todos los rituales incluyen hechizos. Si el ritual consiste en un mensaje que quieres enviar al Cosmos, entonces el hechizo es el texto en sí, las palabras que has escrito en el mensaje. En ocasiones mandamos imágenes divertidas o un *meme*, sí, pero en la mayoría de las ocasiones añadimos algunas palabras.

Abordaremos las distintas clases de rituales y sus principios básicos más adelante (consultar página 265). Antes de lanzarte a la piscina de los rituales y hechizos, te aconsejo que leas bien ese capítulo del libro; así te familiarizarás con los pasos que debes seguir y no cometerás errores de bruja novata. Aunque al principio pueda resultar un poco abrumador, recuerda que el formato de todos los hechizos y rituales es el mismo, por lo que, con el tiempo, y con un poco de práctica, te resultará mucho más fácil. Debes tomarte los rituales y hechizos que aparecen en este libro como un punto de partida. A medida que vayas desarrollando tu práctica, empezarás a distinguir lo que te funciona de lo que no. Respeta y venera la práctica de la magiak. Añade tu granito de arena cuando lo consideres necesario, elimina pasos que no te resulten útiles y, sobre todo, explora. Es TU magiak, así que utilízala como mejor te convenga y déjate guiar por tu intuición.

Cuando practiques magiak, recuerda que debes tener en cuenta ciertos detalles importantes: el día de la semana (pues cada día está regido por un planeta distinto y, por lo tanto, tiene su propio conjunto de correspondencias; consultar tabla de correspondencia, página 277) y las herramientas que vayas a utilizar, como cartas, hierbas, aceites e incluso otros seres energéticos. Pero lo primordial es la intención de la magiak en sí misma, junto con el deseo y la voluntad de la persona que la esté practicando en ese momento. Tal y como dijo el profesor Lupin en *Harry Potter*: tus emociones son las que crean la magiak.

# Unirse a un aquelarre o no unirse a un aquelarre, esa es la cuestión

Este libro pretende ser una guía para la aprendiz solitaria: una bruja que desarrolla su destreza en su propio espacio y a su propio ritmo. Es una invitación a aprender magiak. A partir de ahí, puedes compartirla como más desees, ya sea convocando a tus mejores amigas místicas para así compartir un círculo durante la luna nueva o leyéndole las cartas a una persona especial para ti. La comunidad es una parte importante del aprendizaje, pero jamás puedes depender de ella.

De todas formas, eso no significa que no puedas o no debas unirte a un aquelarre. En términos clásicos, un aquelarre es un grupo de trece brujas que comparten experiencias y celebran los días más señalados del año, es decir, los *sabbats* y los *esbats* (profundizaremos en el tema en el siguiente capítulo). Aunque existen aquelarres que practican el mismo tipo de brujería, pues son los hijos de un aquelarre «madre», lo cierto es que cada uno tiene su propia entidad y se rige según sus propias normas y prácticas. Elegir un aquelarre es una decisión personal; debes decantarte por aquel que mejor se adapte a ti. Si crees que necesitas un entorno estructurado para poder crecer y desarrollarte como bruja, y si realmente consideras que una comunidad puede ayudarte a aprender, entonces no lo dudes y únete. Pero no es una decisión que se deba tomar a la ligera, pues formar parte de un aquelarre implica mucho trabajo. Y, en general, exige un compromiso de un año y un día, ya que es el tiempo para la iniciación.

Si quieres practicar en tu casa y, al mismo tiempo, aprender en un entorno muy estructurado y rígido, siempre tienes la opción de fundar tu propio aquelarre o grupo de apoyo con tus amigas y compartir vuestros conocimientos y prácticas. Yo, por ejemplo, tengo un grupo de amigas con las que practico durante la luna nueva y/o llena, y en días señalados. A veces pasamos el día al aire libre y por la noche celebramos una especie de ritual de manifestación en el que, después de una meditación muy corta y guiada, compartimos lo que queremos cultivar y desarrollar en un espacio sagrado. A veces hacemos lecturas de cartas del tarot, quemamos cartas o listas con todo aquello de lo que queremos deshacernos y bailamos.

Eres una persona libre y, como tal, puedes crear una práctica y fundar un aquelarre que se adecúe a ti: tus intereses y tus pasiones deben tener un lugar primordial en tu brujería.

# ¿Qué clase de bruja eres?

Existen varias formas de brujería, por lo que toda bruja debe encontrar la que mejor se adapta a ella, a sus creencias e intereses. Por ejemplo:

## BRUJERÍA HEREDITARIA

Se transmite de generación en generación. En este caso, ya sabrás si tu familia ha emprendido este camino o no; piensa en recetas familiares con ingredientes mágikos, formas específicas de adivinación y un grimorio familiar.

## BRUJERÍA VERDE

Este tipo de magia se basa en la naturaleza, que actúa como instrumento y como profesora. Este camino implica vivir en sintonía con la Tierra y reconocer que todo tiene un espíritu. Una bruja verde trabaja, sobre todo, con plantas y hierbas y se dedica a la siembra y al cultivo de las mismas. Si tienes buena mano para la jardinería, te apasiona trabajar con hierbas y crees en el poder curativo de las plantas, entonces quizá seas una bruja verde.

## BRUJERÍA DE COCINA

Es el camino más evidente y natural para las amantes de la cocina que anhelan añadir un toque de magiak a sus recetas. Al igual que ocurre con las demás formas de brujería, puedes incorporar ciertos aspectos de este camino a otras tradiciones y prácticas. Para la bruja de cocina, los hechizos y la magiak se elaboran en el horno o a fuego lento y los momentos que se pasan en la cocina, tanto elaborando una receta como disfrutando de un buen banquete, son una forma de ritual. Cuando consumes lo que has cocinado, estás liberando energía y canalizándola hacia tu propio ser y al Universo, formando así una intención en tu interior. La brujería de cocina es perfecta para las celebraciones de días especiales.

## LA FE EN LOS SERES FANTÁSTICOS

Este camino de brujería —que no debe confundirse con la Tradición Feri, otra forma de neopaganismo— se basa en la creencia en seres energéticos conocidos como seres fantásticos. El término «ser fantástico» engloba a todo tipo de criaturas, como sílfides, ninfas, ondinas, unicornios y duendes que se supone existen en el reino astral, un reino paralelo al nuestro. Los adeptos a esta práctica creen que todo tiene un alma, incluso las montañas, los árboles, las flores, los océanos y los ríos. Trabajan siguiendo los trece meses lunares del calendario lunar celta y acceden a las distintas energías que cada mes posee. Las brujas verdes y aquellas que trabajan con los duendes y las hadas suelen tener prácticas similares.

## WICCA

Se trata de una religión neopagana que se basa en los elementos de la naturaleza y en las creencias de los antiguos celtas. Esta clase de brujería incluye la Femineidad Divina, o Diosa, al igual que la Masculinidad Divina, o Dios Astado, en sus rituales. Las wiccanas no se rigen por un único libro sagrado, pero siguen dos leyes: la Rede Wicca, «vive y deja vivir», y la Ley de Tres, «todo lo que hagas te será devuelto por tres». Existen varias sectas de Wicca, como la Gardneriana, la Alejandrina y la Diánica, o de la Diosa, y todas ellas tienen tradiciones distintas.

## MAGIAK CEREMONIAL

La magiak ceremonial, que se utiliza en el contexto del hermetismo y esoterismo occidental, es una forma de magiak que suele incorporar rituales bastante largos y complejos. La Orden Hermética de la Aurora Dorada, dedicada al estudio y la práctica de lo oculto y lo metafísico, popularizó la magiak ceremonial. Igual que los templarios y los masones, la Orden Hermética de la Aurora Dorada se basa en la iniciación y en la jerarquía.

## MAGIAK CAÓTICA

Esta rama es más bien una filosofía que un camino. Los sigilos, o símbolos cargados de energía, son la esencia básica de esta forma de magiak que pretende relacionar las intenciones conscientes con el inconsciente y así lograr el objetivo deseado. La finalidad de un mago caótico es llegar a dominar el subconsciente hasta alcanzar lo que se denomina un «estado gnóstico», a través del que puedes activar y promulgar tu magiak sin darte cuenta. Gracias a determinadas técnicas de respiración, a la relajación muscular, a la excitación sexual o a emociones muy intensas, la bruja que practique la magiak caótica es capaz de alcanzar ese estado de gnosis.

## BRUJERÍA ECLÉCTICA

Una combinación de distintas prácticas que varía según la persona. La brujería ecléctica te invita a dibujar tu propio camino y a inspirarte en tu herencia, en tus pasiones y en los distintos aspectos de la magiak. Una bruja ecléctica puede combinar brujería verde y brujería de cocina, arte y música o cualquier otro elemento. Las brujas eclécticas son aquellas que no siguen un camino en particular, sino que forjan el suyo propio. De hecho, ¡yo me considero una bruja ecléctica! Dicho esto, si decides ir por libre y construir tu camino, recuerda que debes tener en cuenta de dónde sacas tu imaginación y la información. Respeta las distintas culturas, sus tradiciones y sus lecciones. Venera sus experiencias, pese a que sean distintas de las tuyas, y da las gracias a la persona que se esté encargando de transmitirte y enseñarte esos conocimientos.

## PURIFICAR

Purificar es una práctica que consiste en usar el humo sagrado de hierbas y plantas para limpiar la energía de un lugar o de una persona. El proceso es bastante sencillo, pero muy intenso.

A pesar de que existe un sinfín de hierbas y tipos de incienso que puedes utilizar para limpiar y purificar un espacio, a continuación encontrarás los más conocidos. Algunos podrás adquirirlos ya preparados en tiendas metafísicas:

- **Salvia blanca o salvia del desierto**: ayuda a deshacerse de la energía negativa y a restablecer las vibraciones de una sala.

- **Palo santo**: es similar a la salvia, pero un poquito menos potente. Ayuda a despejar la mala energía de una habitación.

- **Cedro**: ayuda a purificar un espacio o una persona, manteniendo los niveles de energía.

- **Artemisa**: se utiliza para obtener visiones psíquicas y sueños lúcidos y también para retirar la energía negativa acumulada.

- **Hierba del bisonte**: invita a la energía positiva y a los espíritus.

Si es necesario, puedes utilizar una estantería o un bol de alabastro como incensario para quemar las hierbas y una pluma para propagar el humo.

**Para purificar una habitación:**

- Abre todas las ventanas.

- Empieza en la entrada del espacio. Enciende las hierbas y utiliza la pluma o tu propia mano para propagar el humo.

- Muévete por la habitación y asegúrate de que el humo alcanza todos los rincones y grietas, pues es ahí donde suele estancarse la mala energía. Visualiza el humo despejando toda la energía negativa y un resplandor dorado ocupando ese espacio. Puedes recitar, en voz alta o en silencio, algunas de las siguientes frases:

   *Limpio y purifico este espacio de cualquier energía que no actúe en mi favor. Este es un lugar sagrado que venera la bondad de todas las cosas. Que toda forma de energía negativa se desplace hasta la luz.*

- Puedes proseguir con otra habitación, empezando por la puerta, prestando especial atención a los rincones. Si es necesario, vuelve a encender las hierbas.

También puedes purificar a una persona utilizando el mismo método; asegúrate de que el humo le llegue hasta las palmas de las manos, la garganta, la parte superior de la cabeza, las plantas de los pies, el torso, los brazos y las piernas.

Para purificar un objeto, pásalo por el humo de las hierbas que hayas elegido. Esto funciona con casi todo: grimorios, cristales, objetos sagrados para rituales, tu teléfono, ordenador o televisor, etc. Da rienda suelta a tu creatividad: cualquier cosa que tenga energía necesita una purificación de vez en cuando.

Puedes purificar una habitación o a una persona en cualquier momento, pero lo cierto es que hay momentos más apropiados que otros:

- Después de una luna llena o nueva, o *sabbat*.

- Después de un día o de una interacción agotadores a nivel energético.

- Si alguien a quien no aprecias ha estado en tu casa.

- Cuando te sientes abrumado a nivel emocional.
- Antes de empezar un trabajo o un proyecto nuevo.

# Brujería como autoayuda

La brujería también puede ser una terapia de autoayuda, ya que implica trabajar con los elementos de la Tierra y así aprender y nutrirse de ellos. Puedes encontrar tu paz interior a través de la meditación, por ejemplo. Pero también utilizar los cristales para estar en armonía con tu corazón. Si lo que quieres es poner los pies en el suelo y centrarte, date un baño ritual. Y si lo que anhelas es deshacerte de energías negativas y relaciones tóxicas, lanza un hechizo de destierro, por ejemplo.

Ser bruja no significa que tu vida vaya a ser de color de rosa. Habrá días que se te harán cuesta arriba y jornadas que te dejarán agotada, sin una gota de energía. Pero ser bruja significa que, cuando lleguen esos momentos, estarás más preparada para afrontarlos, pues serás capaz de ver que todo es un ciclo y que todo pasa. La perspectiva de una bruja te invita a trabajar con las herramientas energéticas y físicas que tienes a tu disposición para (con suerte) poder cuidar de ti misma de una forma que la medicina tradicional ignora.

A continuación encontrarás dos propuestas muy sencillas para darle un toque mágico a tu rutina de cuidado personal:

## TALISMANES

Trabaja con un talismán, o con un objeto cargado de una intención. Puedes utilizar un cristal, una moneda que has encontrado junto al mar, el collar que te regaló tu pareja o cualquier otro objeto que signifique algo para ti y que sea lo suficiente pequeño para llevarlo siempre encima. Las joyas suelen ser un buen talismán, pues siempre puedes llevarlas encima.

Purifica el objeto. Quítale cualquier mancha que pueda tener o déjalo bajo la luz de la luna llena, o bajo el sol de mediodía. Siéntate con el objeto entre las manos. Imagina que la base de tu columna vertebral es una cuerda dorada que te conecta con el centro de la Tierra (para más información sobre el tema, consultar el «Método de la cuerda dorada», en la página 34). Después imagina que tu corazón irradia una luz dorada que se va expandiendo hasta envolver todo tu cuerpo en un resplandor cálido. Ahora, céntrate en tu intención para así infundirla en tu talismán. Tal vez quieras mantener tu corazón abierto o tal vez quieras recordar que debes ser más compasiva y menos exigente contigo misma. Sea como sea, siéntelo. Recuerda momentos en los que te hayas sentido amada, apoyada y cuidada, y transmite esa emoción al talismán. Cuando acabes, apoya la frente sobre la Tierra e imagina que toda la energía sobrante regresa a ella.

## MANTRAS

También puedes utilizar mantras a lo largo del día para cuidar de ti misma. Deben ser frases reafirmantes que te recuerden quién eres y cuánto vales. Un buen ejemplo sería: «Me merezco cualquier tipo de amor», «Soy una diosa», «Soy una mujer amada, valorada y querida» o «Elijo mostrarme tal y como soy». Puedes repetir estas frases cada mañana o en distintos momentos del día. Yo me he acostumbrado a recitar una lista de mantras frente al espejo de mi cuarto de baño cada mañana, mirándome a los ojos. Incluso puedes ponerte una alarma en el teléfono para no olvidarlo. Cada día a las 11.11, por ejemplo, ¡sería una idea genial!

### EL ONCE CELESTIAL

El 11.11 es un número angelical, además de un umbral. Representa el despertar y el esclarecimiento espiritual, la iluminación y la conexión con el propósito de nuestra alma. El número 11.11, o tan solo el 11 pero en repetidas ocasiones, es una invitación y un recordatorio de nuestros ángeles para que prestemos atención a nuestros pensamientos e ideas. Además, es el momento perfecto para pedir un deseo o entonar una oración.

# Brujería y sexo

Durante las cazas de brujas medievales, las mujeres que se sentían un poco cómodas con su sexualidad solían ser juzgadas como brujas. El patriarcado siempre ha considerado a las mujeres sexualmente liberadas como una amenaza. Sin embargo, la brujería siempre ha apoyado la libertad sexual. La energía sexual es una energía muy intensa y poderosa, pues nos conecta con nuestro Yo Superior, con el Universo y con el amor.

Las brujas aceptan cualquier expresión e identidad y, por lo tanto, cualquier orientación sexual; pese a que todas estamos cortadas por el mismo patrón, las brujas modernas sí reconocemos nuestras diferencias y, además, las celebramos. Son más las cosas que nos unen que las que nos separan. La sexualidad es una parte natural y ancestral de nuestro ser y, del mismo modo que ha ocurrido con nuestra consciencia, también debe evolucionar. La brujería te insta a explorar tu sexualidad y tu energía sexual, siempre y cuando no la utilices para hacer daño a nadie.

Una bruja es consciente de que la energía sexual es energía vital; la energía vida-muerte-vida está arraigada a nuestro estado más primario, más eufórico. El orgasmo y la energía que se libera durante las relaciones sexuales y los preliminares (con o sin una pareja) son las formas de energía más poderosas que existen, pues no tienen ningún tipo de censura. ¡Por algo es tan agradable! Las brujas jamás respaldarían la idea de que una mujer esté sucia o haya pecado por la vida sexual que decida llevar. De hecho, la brujería apoya y defiende la exploración sexual para así saber lo que te gusta y lo que no.

El Universo no se rige por binarios de género, pues el concepto en sí mismo fue creado por el ser humano. El Dios es la personificación de la conciencia, de esa parte de nosotros que se propone unos objetivos, que brilla como el sol, que riega los campos de cultivo, que trabaja, que organiza y que termina todo lo que empieza. Es esa parte de nuestro ser que desea y anhela alcanzar sus metas, que quiere ser dominante, que piensa con la cabeza y no con el corazón. La Diosa, en cambio, es la personificación del subconsciente; esa parte de nosotros que es intuitiva y emocional, que siente con la profundidad del océano, que escucha las estrellas en la noche, que presiente el amor del otro antes de que sea declarado. Esa energía tan suave y sutil se conoce como la Femineidad Divina. Estas dos fuerzas también pueden describirse como el yin y el yang, las dos energías opuestas pero a la vez complementarias que describe la antigua filosofía china.

# La brujería como empoderamiento

La brujería te enseña nuevas formas de honrar tus necesidades y así aprovechar todo tu potencial. Para las mujeres (entre las que me incluyo) que se han criado en entornos que intentan despojarnos de nuestra integridad corporal y autonomía personal, la brujería es una forma de aprender a dominar nuestra resistencia personal. Es jugar según unas normas que nadie más conoce. Es una manera de recuperar nuestro poder al mismo tiempo que nos conectamos con algo más grande que nosotras.

Resulta revitalizante comprender cosas como las fases de la Luna, el funcionamiento de la astrología o el impacto de las distintas épocas del año en nuestra composición energética personal. Saber cuándo y cómo trabajar con estos ciclos es liberador y, sin lugar a dudas, no deja indiferente a nadie.

Hay quien trata de convencer a las mujeres de que son inferiores. También hay quien intenta convencernos de que para ser «la mujer ideal» debemos invertir en los últimos productos de belleza, en ropa, en operaciones estéticas y en un montón de cosas más porque así seremos más atractivas, menos salvajes y más fáciles de digerir. Por supuesto, todo eso es mentira. Si una mujer es consciente de lo mucho que vale y se niega a apagar su luz, será capaz de lograr todo lo que se proponga.

# La brujería como activismo espiritual

Para cambiar el mundo exterior, debemos empezar por nuestro mundo interior. Este es el principio básico del activismo espiritual: trata de cambiar tu universo interior y esfuérzate por ser más abierta, receptiva e implicada. Así conseguirás marcar una diferencia en el reino físico. La magiak es un elemento clave para cambiar nuestra vida, pues crea un espacio nuevo para nosotras y nos ofrece mucho más de lo que queremos. Además, es un espacio mucho más creativo, consciente, artístico y tolerante.

Ser una activista espiritual significa admitir que estamos conectadas con otros seres en espíritu. Debemos transformar nuestra compasión en acción. La brujería nos exige que demos un paso atrás, que nos alejemos de nuestro ego y nos adentremos en una consciencia colectiva; así, trabajaremos desde un lugar común. El activismo espiritual es una forma de recordar que hacer daño a otro es, al fin y al cabo, hacerte daño a ti misma. Eso no significa que vayas a cambiar el mundo con tan solo un hechizo, obviamente, sino que la energía que crees actuará como una oleada de luz que se propaga y que, de una forma u otra, puede llegar a cualquier rincón del mundo. Funciona como una base interna para el activismo de la vida real.

# Combatir el materialismo espiritual

Tener todos los libros, hierbas, cristales y barajas del tarot mencionados aquí no te convierte en una bruja más poderosa. El poder no proviene de los objetos materiales, sino de tu mente, de tu espíritu y de tu alma. Combatir el materialismo espiritual significa ser consciente de lo que compras, de a quién y de por qué. Por supuesto, si te apetece comprar

LA BRUJERÍA TE ENSEÑA NUEVAS FORMAS DE VENERAR TUS NECESIDADES Y ASÍ APROVECHAR TODO TU POTENCIAL.

algo en particular o si lo necesitas para un hechizo o ritual en particular, y puedes permitírtelo, adelante, hazlo. Pero no te sientas obligada a invertir grandes cantidades de dinero en una hierba para un hechizo si no está dentro de tu presupuesto. Y tampoco creas que necesites cinco muestras de todos los cristales y tres calderos; de la misma manera que tener una colección de un millón de botes de pintura no te convierte en pintor, tener todos los cachivaches de una bruja no te convierte en bruja.

Visita alguna tienda de segunda mano o *vintage*, date un paseo por las tiendas metafísicas de tu ciudad y echa un vistazo a páginas como Amazon, eBay y Etsy; así solo gastarás dinero en lo que realmente necesitas. Mantener una relación significativa con cada cosa que compras hará que tu magiak sea más poderosa. En este caso, el antiguo proverbio de «calidad mejor que cantidad» funciona a la perfección.

Para poder llevar a cabo los hechizos de este libro, necesitarás un material básico y, para rituales o conjuros más específicos, un material más personalizado. Mi objetivo es ofrecerte herramientas que puedas utilizar de mil maneras distintas. Y, al igual que el resto de este libro, el proceso de encontrar y familiarizarte con el material elegido dependerá sola y exclusivamente de ti. *TÚ eres la herramienta más poderosa con la que cuentas y, querida, ¡esa* magiak *no cuesta un duro!*

# Empieza por tus raíces, planta tus propias semillas

Lo que pretendo con este libro es, sobre todo, animarte a encontrar tu propio camino. Así se forja una bruja y eso implica varias cosas. Debes desengranar y comprender tus orígenes y, en algún caso, tendrás que explorar varias generaciones de antepasados para aprender la rama de magiak de tu familia. ¿Sabes de dónde vienes? ¿Sabes dónde vivieron tus tatarabuelos? Si nos remontamos a varios siglos atrás, la gente vivía en armonía con la Tierra. Hay un tipo específico de magiak que es único y exclusivo, que solo corre por tus venas y por las de nadie más. Tu meta y tu objetivo es encontrar esta canción, aprender la melodía y descubrir tu propia armonía. Pregúntale a tu madre cuál es la receta familiar para aliviar la migraña y qué remedio natural ha utilizado siempre para tratar el dolor de cabeza. Infórmate de las supersticiones que tiene la familia de tu padre. Aprende sobre la tradición familiar y los remedios herbarios que utilizaban tus abuelos. La brujería, el folclore y la medicina alternativa siempre se transmiten de generación en generación.

En fin, brujas, ¡ahora ya sabéis qué os espera! Vivir en armonía con la naturaleza, encontrar vuestro propio estilo de cuidado espiritual, trabajar con energías y manifestar el porvenir forman parte de vuestro destino. Convertirte en bruja implica asumir la responsabilidad que nos han entregado todas las generaciones de mujeres que fueron perseguidas por sus creencias; y, al reconocer este privilegio y desarrollar nuestra magiak, seremos capaces de destapar nuestro poder como brujas.

La brujería incluye hechizos y rituales y magiak, pero es mucho más que todo eso. Al crear una práctica que encaja a la perfección con nuestra vida, y que al mismo tiempo nos permite vivir como brujas, no solo haremos crecer nuestro espíritu, sino que también podremos ayudar a otros a alcanzar ese poder.

## TÉCNICAS DE ANCLAJE

El término *grounding* significa crear una conexión con la Tierra, pues es un sistema de apoyo y, al mismo tiempo, una fuente abundante e inagotable de energía. Antes de realizar cualquier ritual o trabajo con magiak, una bruja canaliza su energía con la Tierra y, cuando termina, le devuelve esa energía, cerrando así el canal. Ese proceso se denomina *earthing*. Si te saltas este último paso, es muy probable que después te sientas ansiosa, cansada, agotada a nivel energético y más vulnerable a sufrir un ataque psíquico.

**Antes de utilizar tu** magiak**, realiza algunos de los siguientes ejercicios de anclaje:**

## MÉTODO DE LA CUERDA DORADA

Siéntate en un lugar cómodo, cierra los ojos y respira hondo varias veces. Toma consciencia del movimiento de tu vientre mientras respiras y siente cómo se contrae cuando expulsas el aire. Cuando notes que estás preparada, imagina una cuerda dorada que se extiende desde la base de tu columna vertical hasta el centro de la Tierra. Imagina la energía de la Tierra deslizándose por toda tu columna, hasta alcanzar tu corazón. Tal vez notes una sensación cálida y radiante mientras se mueve por tu cuerpo. Saborea esta conexión. Disfruta de ella. Recuerda que no estás sola. Es como un salvavidas, un sistema de apoyo que siempre ha estado y estará ahí.

## LA MEDITACIÓN DEL ÁRBOL
(INSPIRADO POR STARHAWK)

Siéntate en un lugar cómodo, cierra los ojos y respira hondo varias veces. Toma consciencia del movimiento de tu tripa mientras respiras y siente cómo se contrae cuando expulsas el aire. Cuando notes que estás preparada, imagina que tu columna vertical es una raíz que se hunde hasta lo más profundo de la Tierra. Siente la energía deslizándose por toda tu columna, como si fuese la savia que asciende por el tronco de un árbol. Saborea esta energía. Imagina que se va extendiendo hasta la cabeza y después empieza a fluir por todo tu cuerpo, hasta rozar de nuevo la Tierra. Siente esta energía circular moviéndose por tu interior. Ahora, tienes varias opciones para terminar el proceso. No tengas prisa. Deja que la energía encuentre su camino de vuelta a la Tierra.

**Después de utilizar tu** magiak, **realiza algunos de los siguientes ejercicios de anclaje:**

## MÉTODO DE INHALACIÓN

Siéntate en un lugar cómodo, cierra los ojos y respira hondo varias veces. Toma consciencia del movimiento de tu vientre mientras respiras y siente cómo se contrae cuando expulsas el aire. Cuando notes que estás preparada, absorbe tu poder como si estuvieras absorbiéndolo a través de una pajita y siente cómo fluye por todo tu cuerpo antes de volver a la Tierra.

## HUNDIRSE EN EL SUELO

Ya sea tumbada y con las palmas sobre el suelo o en la postura del niño de yoga (arrodillada hacia delante y con la frente apoyada en el suelo), respira varias veces. Relájate y fúndete con la Tierra. Siente cómo el poder se sumerge en la Tierra. Aunque estés en un décimo piso, imagina cómo la energía se arrastra desde tu cabeza por todo tu cuerpo, recorriendo tu columna vertebral y hundiéndose en el suelo. Y, por último, imagina que toda esta energía se purifica y se renueva en el centro de la Tierra.

# Crea tu propio grimorio

La palabra «grimorio» evoca la visión más mística de una bruja: vestida de negro y con la luna llena de fondo iluminando la escena mientras ojea un libro. Ese libro, casi siempre con cubierta de cuero, es su grimorio, o Libro de Sombras, donde plasma y describe todos sus tesoros y secretos mágicos. El grimorio es una especie de diario mágiko. Sus páginas contienen todos los hechizos, rituales, visiones, correspondencias diarias (como qué planetas, hierbas y cristales están relacionados con los distintos días de la semana), tiradas de cartas, trabajos energéticos (como curaciones o meditaciones), celebraciones y mucho más. El grimorio define y «completa» a una bruja, pues le permite construir su propia escuela de magiak a base de prueba y error.

Lo más importante a la hora de elegir tu grimorio es saber lo que mejor te funciona en términos de organización. Si lo prefieres, puedes escribir tu diario de forma virtual, utilizando una aplicación como Evernote o en un documento de Word. También puedes anotarlo de tu puño y letra en un papel e ir archivando todos tus documentos en una carpeta. O, si eres una amante de las tradiciones, puedes utilizar la clásica libreta con cubiertas de cuero.

## CONSAGRAR TU GRIMORIO

Aunque no todas las brujas deciden consagrar su grimorio, lo cierto es que a mí me encanta la idea de bendecir el libro y purificarlo de cualquier energía negativa. Para hacerlo, necesitarás varios elementos: un puñado de hierbas para limpiarlo y otro puñado para quemar (la salvia o el palo santo son una buena opción), una cerilla o un encendedor, un poquito de agua (o agua bendita, cuya receta encontrarás en el capítulo 8), tu grimorio y algo para escribir. Intenta realizar este ritual en la luna nueva, aunque también funciona en luna menguante.

### Paso 1: Limpiar

Lo primero que debes hacer es limpiar el espacio. Después, utiliza uno de los ejercicios de anclaje (*grounding*) de las páginas 33, 34 y 35. Y recuerda purificar el grimorio con humo sagrado.

### Paso 2: Consagrar

Ahora debes elegir tu incienso o hierbas. Y pronuncia la siguiente frase:

> *Limpio y consagro este libro en nombre del Universo y de mi verdad. Con el poder de la Tierra…*

Enciende el incienso o las hierbas y prosigue:

> *Con el poder del Fuego…*

Y siente la pasión y el calor del Fuego.

Apaga la llama y pasa el libro por el humo que aún desprende mientras recitas:

> *Con el poder del Aire…*

Y siente la energía purificadora de este elemento.

Sumerge los dedos en el agua y salpica el libro con unas gotas mientras sientes la fluidez del elemento, y después lee la siguiente frase en voz alta:

> *Con el poder del Agua, convoco el poder antiguo y divino. En este grimorio escribiré mi magiak. Purifica y consagra este libro esta noche.*

## Paso 3: Cargarlo de luz

Coloca las manos sobre el libro, cierra los ojos e imagina que las palmas de tus manos emanan una luz blanca. Y después imagina que esa luz blanca envuelve el grimorio.

## Paso 4: Canalizar y escribir

Puedes canalizar tu poder ahora o pasar al siguiente paso escribiendo una bendición en la primera o segunda página del grimorio. Puedes anotar lo que quieras y dedicarlo a la deidad que más te represente; pídele que proteja tu libro y tu magiak de los fisgones y entrometidos. Por ejemplo, puedes escribir lo siguiente:

> *Bendigo este libro, que le pertenece a [tu nombre*],*
> *con la* magiak *ancestral que contienen estas páginas.*
> *Ese es el deseo del Universo, y por eso lo creo.*
> *Que los ojos más entrometidos no tengan acceso a él.*
> *Tierra, Aire, Fuego, Agua,*
> *elementos, a vosotros os pido que*
> *me bendigáis y me protejáis; que estas palabras*
> *me hagan sentir siempre como en casa.*
> *Así es, y así debe ser.*

---

 *Algunas personas prefieren utilizar un nombre mágico para realizar sus hechizos, y para completar su grimorio. Muchas incorporan elementos del mundo natural. Así que, si te apetece idear y utilizar un nombre mágico, ¡hazlo!

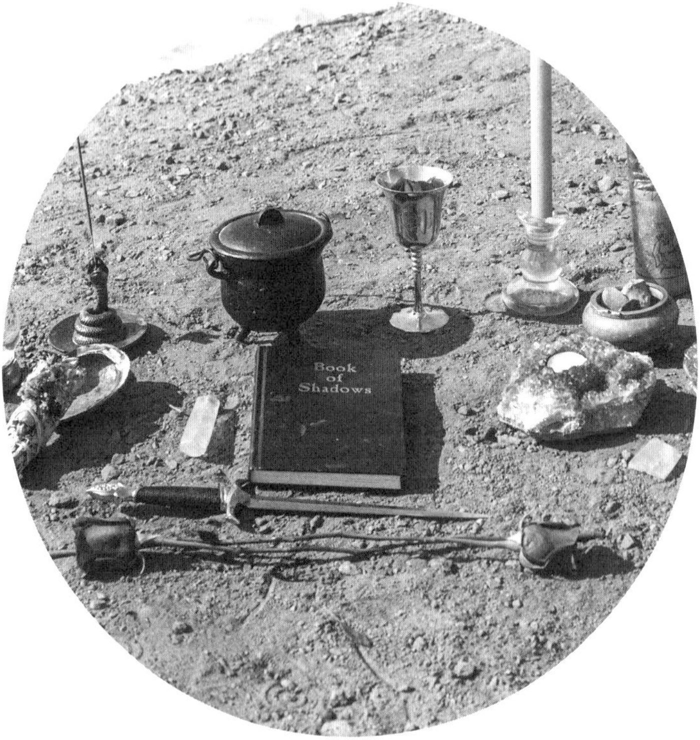
Book
of
Shadows

CAPÍTULO 1

# En qué creen las brujas

Ser bruja significa libertad. Libertad para ser quien eres, para crecer y desarrollarte tal y como deseas, para venerar y honrar los valores que tú elijas. No existe un libro en particular para iniciarte en el mundo de las brujas. Ni tampoco hay una ley que decida quién entra y quién no. Sin embargo, sí existen unas normas o leyes cósmicas que nos permiten crecer y desarrollarnos como creadoras de magiak y autoras de hechizos.

Para nosotras, Dios no es un hombre todopoderoso y omnipresente que vive en el cielo. Dios, o la fuerza que yo prefiero llamar el Universo, también es la Diosa, el Origen o la Creación, entre otros. Ha recibido muchos nombres pues, al fin y al cabo, es nuestra esencia.

Y esta puede tener muchos rostros distintos, o ninguno. Es una fuerza mayor que nosotros mismos; ¿por qué describimos algo que no es humano con atributos y rasgos humanos? Porque forma parte de nosotros, porque formamos parte de ella. De ahí venimos, y ahí regresaremos; es la forma más pura de nuestra alma. El lenguaje del Universo es sensorial; sabemos que se dirige a nosotros cuando nos sentimos queridos y valorados, cuando observamos las estrellas en un cielo despejado, o cuando olemos a rosas frescas.

# Trabajar con el karma

Todos conocemos al famoso karma. Es ese amigo que jamás nos deja. El que aparece en los momentos que más lo necesitas (como esa amiga que te presta el vestido que llevas tanto tiempo buscando en todas las tiendas), pero que también se las ingenia para encontrarte en los momentos más inoportunos (como esa otra amiga que necesita que le eches una mano porque su perro está enfermo justo cuando vas hacia una cita romántica). Y aunque nos encanta tenérsela jurada y solo pensamos en hacerle pagar esa jugarreta que nos ha hecho, siempre se sale con la suya, pues siempre nos enseña algo importante, así que no podemos enfadarnos con él.

El karma no es el típico amigo pelma. Es *nuestro* amigo pelma. Si te resistes y no aprendes las lecciones que pretende enseñarte, las cosas irán a peor. Pero si lo reconoces y lo valoras por lo que es, un espejo de aumento que te muestra tu propio reflejo, entonces las lecciones se vuelven mucho más fáciles.

El karma funciona igual que la tercera ley de movimiento de Newton, que asegura que a cada acción siempre le corresponde una reacción igual en magnitud y opuesta en sentido. Salvo que en nuestro caso esto significa que la energía que lanzamos al Universo, ya sea a nivel espiritual, emocional, mental o físico, regresará a nosotras de una forma u otra. La positividad inspira más positividad y la negatividad más negatividad.

El karma es justo, aunque a veces nos cueste verlo. El karma puede tardar varias generaciones en sanar o en lastimar. Tenemos un karma personal —el modo en que actuamos y vivimos nuestra vida—, un karma generacional —el karma de nuestra familia— y un karma cultural, el de una región o sociedad en particular. Todos tienen un papel importante en nuestra vida, en nuestro presente y en nuestro pasado.

# La vida después de la vida

Cada bruja tendrá su propia opinión sobre la muerte, sobre el más allá y sobre el cielo, conocido como la Tierra del Eterno Verano según ciertas tradiciones neopaganas y el Nirvana según algunas tradiciones orientales. Es una noción que, con toda probabilidad, irá cambiando y evolucionando con tu práctica de brujería; recuerda que no hay una única respuesta «correcta» a la pregunta sobre la vida después de la muerte. Personalmente creo en la reencarnación, o en la idea de que el alma renace vida tras vida. El karma representa la reencarnación a lo largo del tiempo; nacemos tantas veces como sea necesario, hasta que nuestras almas se vuelven puras y representan nuestra verdadera esencia, y la esencia del Universo. Creer en la reencarnación es algo muy habitual entre las brujas; sin embargo, no es universal y no creer en la reencarnación no significa que estés equivocada.

# Tu equipo cósmico

El tiempo no existe más allá de este mundo. Nuestros ancestros, los seres queridos que han fallecido, pueden merodear por este mundo y ayudarnos a lo largo de nuestra vida. Pueden actuar como guías espirituales, un concepto similar a un ángel de la guarda. Los guías espirituales pueden ser tus antepasados, o los antepasados de tus antepasados. Incluso pueden ser figuras que admiras y respetas, que te inspiran o que te han enseñado importantes lecciones vitales.

También existen los maestros ascendidos. Podríamos definirlos como guías espirituales actualizados; han roto cualquier vínculo con el ciclo del karma y la muerte y la reencarnación, así que saben muy bien lo que pasa. Cuando nos encontramos en una época de confusión y agitación emocional y espiritual, siempre están ahí para guiarnos. La función de un guía espiritual es ayudarnos a gestionar situaciones del día a día; la función de los maestros ascendidos, en cambio, es ayudarnos a gestionar situaciones que no solo afectan a nuestra vida, sino a algo mucho mayor. Suelen ser situaciones de naturaleza espiritual.

Recuerda que tus guías espirituales y tus maestros trabajan codo con codo con tus ángeles. Y, pese a que el concepto de ángel pueda tener una connotación judeocristiana, lo cierto es que son seres no confesionales cuya principal misión es traer paz y amor a las criaturas del Universo. Los ángeles, al igual que los demás guías espirituales y maestros, siempre están a tu disposición.

Los ángeles, los guías espirituales y los maestros ascendidos son como un equipo de animadoras cósmicas al que siempre podrás recurrir cuando te sientas desconectada, sola, ansiosa o insegura. ¡No te cortes y habla con ellos! Yo suelo charlar con mis guías en el cuarto de baño de la oficina, en el coche e incluso cuando estoy dando un paseo. Te acompañan allá donde vayas y, aunque se tarda un poco en aprender su lenguaje, ¡nada es imposible! Busca las señales y pídeles ayuda. Dedícales alguna obra de arte, decora un altar y, sobre todo, no te olvides de hablar con ellos.

## MEDITAR PARA CONOCER A TU EQUIPO CÓSMICO

Si quieres conocer a tu equipo cósmico, puedes meditar con ellos e invitarles a mostrarte su presencia. Puedes utilizar cristales como la amatista, el cuarzo aura de ángel, el cuarzo transparente, la labradorita o la celestina para poder acceder a tus guías. Purifica el espacio con hierba dulce o artemisa y después busca un lugar cómodo en el que sentarte. Puedes sostener un cristal en la mano no-dominante o colocarlo cerca de ti.

Empieza anclando tu energía; concéntrate en tu respiración e imagina que, sobre la coronilla, tienes una puerta. Ábrela poco a poco e invita a tu equipo cósmico a mostrarte su presencia. Invoca a tus guías espirituales, ángeles, guías animales y demás seres benevolentes e invítales a mostrarte su presencia.

Sigue concentrada en tu respiración y presta atención a cualquier tipo de mensaje, sensación, color, olor o voz. Cuando hayas terminado la meditación, da las gracias a tu equipo e imagina que la puerta de tu cabeza se cierra. Por último, ancla tu energía.

## INVITAR A LOS ELEMENTOS

Los elementos (o elementales) son nuestra conexión con la Naturaleza y la Tierra. Además, forman parte de nuestra constitución emocional. Cuando invitamos a la Tierra, al Aire, al Fuego y al Agua a nuestras creaciones mágikas, lo que realmente hacemos es establecer una relación con estos arquetipos y energías, y también con el mundo natural. El Agua representa nuestro cuerpo emocional; el Fuego, nuestra pasión; la Tierra, aquello que nos da fuerza y nos mantiene seguros; y el Aire, nuestra creatividad, nuestros sueños y nuestros deseos.

**Necesitarás:** hierbas, como el palo santo, el copal, la salvia o la artemisa; algo con que encenderlas y un cáliz o un bol de agua.

Ánclate (consulta los ejercicios de las páginas 33, 34 y 35) y conéctate con la Tierra. Cuando empieces esta invocación, conéctate a la energía de cada elemento. Empieza invocando a la Tierra e imagínate que estás tumbada en una pradera verde. Cuando te conectes con el Aire, siente el beso del aire en la mejilla. Y, cuando convoques el Fuego, visualízate frente a una chimenea o una hoguera. Por último, cuando apeles al Agua, imagínate nadando en una piscina de aguas curativas.

Después, sostén las hierbas en la mano y di en voz alta:

> *Elemento de la Tierra, yo te invoco y te invito a este espacio. Que siempre cuente con tu apoyo y protección.*

Enciende las hierbas, sopla la llama (en caso de que la hubiera) y muévelas para que el humo llene el espacio. Continúa diciendo:

> *Elemento del Aire, yo te invoco y te invito a este espacio. Que siempre cuente con tu apoyo y tu guía durante mi vuelo.*

Vuelve a encender las hierbas y esta vez no soples la llama. Prosigue con la siguiente frase:

> *Elemento del Fuego, yo te invoco y te invito a este espacio. Que siempre pueda ver tu luz y sentir tu pasión.*

Después coge el cáliz de agua y termina:

> *Elemento del Agua, yo te invoco y te invito a este espacio. Que nunca pierda mi intuición y siempre cuente con la serenidad de tus aguas.*

Para apagar la llama, puedes sumergir las hierbas en el agua o salpicarlas con unas gotas de agua.

Tómate unos segundos para acostumbrarte a estos elementos y recibe su energía y su bendición.

Después prosigue con tu meditación, adivinación o creación mágika.

Cuando hayas terminado tu ritual o tu hechizo, y sientas que debes despedirte de los elementos, sigue los mismos pasos que antes, pero al revés; empieza por el Agua y después sigue con el Fuego, el Aire y, por último, la Tierra.

Sumerge los dedos en el agua, colócalos en la frente (entre los ojos) y lee la siguiente frase:

> *Elemento del Agua, te doy las gracias por tu bendición y energía y te despido de este ritual.*

Enciende las hierbas y di en voz alta:

> *Elemento del Fuego, te doy las gracias por tu bendición y energía y te despido de este ritual.*

Menea las hierbas para que el humo se esparza por todo el espacio y continúa diciendo:

> *Elemento del Aire, te doy las gracias por tu bendición y energía y te despido de este ritual.*

Después deja a un lado las hierbas y termina con la siguiente frase:

> *Elemento de la Tierra, te doy las gracias por tu bendición y energía y te despido de este ritual.*

Ha llegado el momento de anclar tu energía: apoya la frente en el suelo, o siéntate con las piernas cruzadas. Piensa en toda la energía que queda en tu cuerpo y en la habitación e imagínala regresando al centro de la Tierra, donde se reciclará y se transformará en amor y sanación.
Da las gracias a los elementos y escribe todas las emociones que te han embargado durante el proceso.

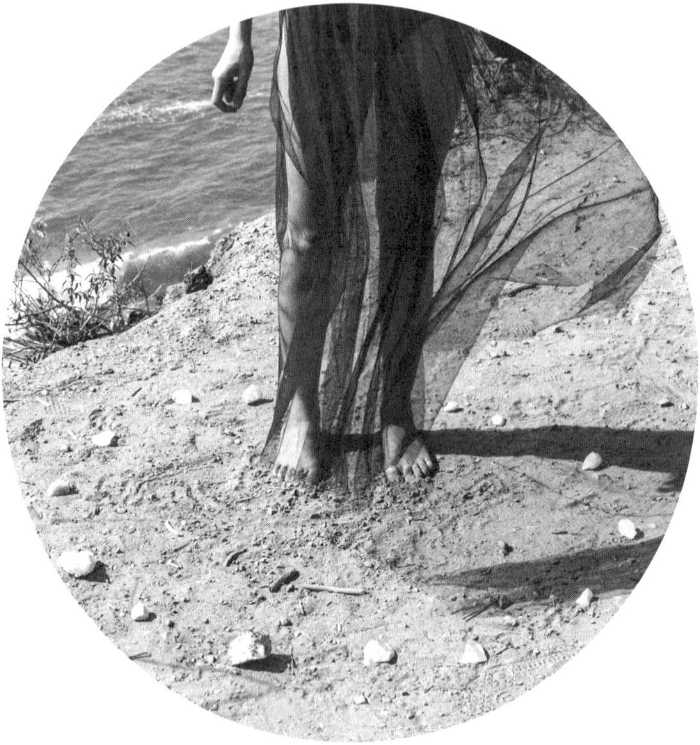

# Cómo crear un círculo

Una bruja hecha y derecha debe aprender los principios básicos para crear y cerrar un círculo. Piensa en el círculo como una esfera que te rodea, que envuelve tu cuerpo y tu magiak. Mantiene la energía que has invocado en su interior y aleja cualquier tipo de energía negativa.

Existen varios métodos para crear un círculo, pero lo más importante es descubrir cuál de ellos encaja mejor contigo. A continuación encontrarás distintos métodos que te ayudarán a decidir cuál se adapta mejor a ti:

## Crear el círculo

El círculo debería abarcar todo el espacio que necesitas para realizar el ritual o hechizo que quieras, incluyendo un altar o cualquier superficie sobre la que vayas a trabajar. Si eres de las que practica a solas, esta zona debería medir unos dos metros de diámetro.

Antes de crear un círculo, asegúrate de que nadie te va a interrumpir y de que tienes todo lo que necesitas. Tómate unos segundos para anclar tu energía (consulta las páginas 33, 34 y 35) y enciende incienso o un puñado de hierbas para purificar el espacio. Imagínate rodeada de una luz blanca que baja del mismísimo cielo.

- Cuando estés preparada, camina en dirección a las agujas del reloj (también conocida como *deosil*) por todo el espacio que pretendas utilizar, empezando por el norte.

- Utiliza el dedo índice como una varita mágika, o una varita de verdad o un *athame* (una daga para rituales) e imagina que la punta del dedo, o el extremo del objeto, irradia una luz blanca azulosa que, poco a poco, va formando un campo de protección desde tu dedo hasta el punto que estás señalando.

- Camina por el espacio formando un círculo e imagina que esa luz blanca azulada se va expandiendo hasta formar una esfera que abarca todo tu cuerpo, desde la cabeza hasta los pies.

- También puedes marcar físicamente el límite de tu círculo con conchas, cristales o sal. La sal es uno de los cristales naturales más pequeños, y absorbe el exceso de energía.

- Cuando ya hayas creado el círculo y hayas vuelto al punto de inicio, puedes decir algo parecido a lo siguiente:

    *Creo este círculo desde el amor y la confianza como punto de encuentro entre los mundos. Que esta frontera proteja y conserve mi energía.*

- Una vez hayas creado el círculo, intenta por todos los medios no salir de él mientras realizas el ritual o hechizo porque, de hacerlo, la energía se disiparía. Sin embargo, si necesitas salir del círculo, puedes crear una puerta energética y cruzarla. De esta manera, no alterarás la energía.

- Para crear un umbral, o puerta energética, puedes utilizar un dedo, una varita o un *athame*, y «dibujar» una puerta en el círculo; hazlo de abajo arriba. Cruza el umbral y no te duermas en los laureles. Puedes volver a entrar en el círculo a través de la misma puerta; o, si lo prefieres, puedes volver a dibujarla. Si vas a estar fuera más de diez minutos, tal vez lo mejor sea volver a crear el círculo.

# Cerrar el círculo

Una vez terminado el hechizo o ritual, cierra el círculo de la misma forma que lo creaste pero caminando en sentido contrario a las ajugas del reloj (o *widdershins*):

- Utiliza la misma herramienta de antes e imagina que la energía que has invocado vuelve a ti, fluye por todo tu cuerpo y regresa a la Madre Tierra. Da una vuelta alrededor del círculo en sentido contrario a las agujas del reloj y, cuando hayas vuelto al punto de inicio, di:

    *El círculo está abierto; que jamás se rompa.*

- Ancla tu energía. Para ello, apoya la frente y las palmas de la mano sobre el suelo e imagina que todo el exceso de energía regresa a la Tierra.

A medida que tu magiak se vaya haciendo más fuerte, este paso se volverá mucho más fácil y rápido. Quizá prefieras crear el círculo sentada, o durante una meditación, imaginando una burbuja gigante llena de una luz dorada que te envuelve. O tal vez inventes un rezo o una canción que entones cada vez que crees tu círculo. En ese caso, puedes colocar una vela en cada esquina para marcar los límites.

Según manda la tradición, para abrir el círculo se camina en el sentido de las agujas del reloj, o *deosil*, y, para cerrarlo, en sentido contrario a las agujas del reloj, o *widdershins*. Una vez definidos los límites, tú serás quien elija qué método te hace sentir más protegida, segura y respaldada.

COMO ES ARRIBA ES ABAJO; COMO ES ADENTRO ES AFUERA. EXISTEN LEYES QUE TODA BRUJA DEBERÍA CONOCER.

# El universo y las leyes de las brujas

Todo lo que vemos y sentimos es una ínfima parte del Universo. El Universo está dividido en niveles y cada uno está compuesto de energía, pero de distinta manera. Y, pese a que vivimos en un nivel gobernado por nuestros sentidos, no debemos olvidar que solo es un plano de la realidad. Si el Universo fuese una cebolla, nuestro nivel representaría una sola capa. A medida que vamos avanzando por las capas de la cebolla, estas se vuelven menos densas, y lo mismo pasa con el Universo, que va del plano más físico al más energético.

Hablaré con más detalle del reino astral en otro capítulo del libro, pero recuerda que es un reino paralelo al nuestro. Es donde viven las hadas y otros espíritus de la naturaleza, como las sílfides, las ninfas y los unicornios. Es donde viajamos cuando tenemos un sueño lúcido. Y es donde acuden nuestros ancestros cuando quieren decirnos algo.

Antes que nada debemos recordar las leyes del Universo que nos permiten utilizar nuestra magiak. Entender estas leyes espirituales y energéticas nos ayudará a trabajar con el Universo y así desplegar nuestra magiak con el menor esfuerzo posible.

*Como es arriba es abajo; como es adentro es afuera. Existen leyes que toda bruja debería conocer.*

| Ley | Significado | Ejemplo |
|---|---|---|
| Magiak empática | Este término se usa para describir la magiak que imita el resultado deseado. | Consultar la Ley de las similitudes y la Ley de contacto. |
| Ley de las similitudes | Se basa en el poder de la atracción; para conseguir el resultado deseado, lo imitamos. | Trabajamos durante la luna creciente (de nueva a llena) para manifestar nuestro deseo y con la luna menguante (de llena a nueva) para disiparlo y liberarlo. |
| Ley de contacto | Si dos objetos han estado en contacto, mantendrán una interacción energética incluso a distancia. | Si queremos lanzar un hechizo y la persona no está presente, podemos usar un mechón de pelo o una prenda de ropa suya. |
| Ley del mínimo esfuerzo / resistencia | La naturaleza fluye sin esfuerzo, igual que nosotros. Debemos «despojarnos» de nuestro objetivo para así conseguirlo. | No puedes dejar de pensar en esa persona a quien has escrito varios mensajes. En cuanto dejes de preocuparte, recibirás un mensaje suyo. |
| Como es arriba es abajo; como es adentro es afuera | Todo lo que ocurre en el Universo nos repercute. El microcosmos es igual que el macrocosmos. | El núcleo de una célula es idéntico al Sol dentro del sistema solar. |
| Karma / la Ley del tres | Lo que das es lo que recibes. Todo lo que hagas te será devuelto multiplicado por tres. | Ayudas a un amigo que está pasando por una ruptura sentimental muy dolorosa y, de repente, la persona que te gusta te pide una cita. |

# Los símbolos de las brujas

Toda bruja debe tener sus propios símbolos. Estos la ayudarán a descubrir quién es realmente. A continuación encontrarás los objetos y símbolos mágikos más conocidos en el mundo de la brujería. Puedes incorporar estos símbolos a tu grimorio o comprarlos para decorar tu altar y tu lugar de práctica. Descubre cuáles encajan mejor contigo e inclúyelos en tu práctica.

## PENTÁCULO

Uno de los símbolos más destacados en brujería es el pentáculo. Un pentáculo es un pentagrama, una estrella de cinco puntas, enmarcado dentro de un círculo. Cada punta de la estrella representa un elemento: Tierra, Aire, Fuego, Agua y, en la punta superior, el Espíritu, es decir, el Universo. Está en la parte de arriba porque es el hilo que une el resto de elementos. El círculo que rodea el pentáculo representa este hilo, la conciencia universal que recorre la Tierra y todos los seres que vivimos en ella. Es, al fin y al cabo, un hilo que nos conecta entre todos y con el Todo.

Invocar

Desterrar

## LA TRIPLE DIOSA

La Triple Diosa es un símbolo que incluye una luna creciente y otra menguante a cada lado de una luna llena. Se dice que este símbolo representa los tres aspectos de la Diosa: la doncella, la madre y la anciana sabia. Son arquetipos abstractos que solo el tiempo puede definir (igual que el hecho de ser mujer, o ser joven, o ser anciana). Este símbolo suele asociarse con los misterios femeninos, con la veneración a la Diosa, con la protección psíquica y la Femineidad Divina.

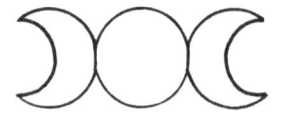

## EL CALDERO

Inspirado en leyendas celtas, el caldero simboliza la Diosa y el vientre, fuente de vida. Es uno de los símbolos más ancestrales de una bruja, pues representa su conexión inherente con la Femineidad Divina y el poder de esta sobre cualquier manifestación física y energética. Con el caldero, la bruja es capaz de preparar estofados, pociones y otras deliciosas recetas llenas de vida; gracias a él podrá adivinar el futuro, quemar hierbas sagradas y crear y lanzar hechizos.

## EL CÁLIZ

El cáliz, o copa, es otro símbolo que suele relacionarse con la Femineidad Divina, porque tiene forma de útero y porque en él se produce un flujo de emociones. El cáliz puede colocarse sobre el altar o se puede guardar en un armario envuelto en un trapo negro. Se utiliza para representar la Femineidad Divina, para hacer ofrendas a la Diosa y también para libaciones. Encuentra uno que te guste y deja que se llene de tu útero emocional y espiritual. Te recordará tu capacidad de crear emociones y de cargarte de ellas.

## LA ESCOBA

La escoba es el símbolo opuesto al cáliz, pues representa la masculinidad. Es un símbolo lleno de poder e intención. En otros tiempos, se rumoreaba que las brujas ponían polvo de hierbas alucinógenas a sus escobas y después se masturbaban con ellas para así tener la sensación de que estaban volando. Las escobas se utilizaban para lanzar hechizos, pero también cuando las brujas querían practicar su magia sin que nadie las molestara, pues eran objetos muy cotidianos. Puedes utilizar una escoba de canela para limpiar tu espacio. Para ello, debes «barrer» el aire de la puerta principal. También puedes colgar una sobre la puerta o sobre la chimenea.

## EL *ATHAME*

El *athame*, o daga ceremonial, es un cuchillo que suele medir entre 25 y 30 centímetros y tiene la empuñadura de color negro. Entre muchas otras cosas, el *athame* se usa en magiak para crear (y cortar) círculos, para bendecir el agua y para dibujar pentagramas que protejan, invoquen o hagan desaparecer algo.

## LA VARITA

En el tarot, la varita está relacionada con el elemento del Aire; representa la acción inspiradora y una conexión con la intuición y el Yo Superior. La varita se suele utilizar para crear un círculo o para controlar la energía.

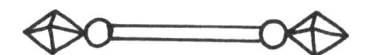

# Crear un altar

Si quieres iniciarte en el mundo de la brujería, no puedes dejar pasar la oportunidad de crear un altar. Es un acto intencional y, por lo tanto, servirá para hacer que tu espacio sea más sagrado. Pero no solo eso: se convertirá en un lugar en el que tu magiak podrá evolucionar y crecer. Volveremos a hablar de altares en la página 103, pues son uno de los lugares sagrados, pero ya sabes lo que reza el dicho: nunca dejes para mañana lo que puedas hacer hoy, así que empieza a pensar en crear el tuyo propio.

**Necesitarás:** Un lugar donde puedas colocar tu altar, como una cómoda o una mesa, y cualquier objeto que pretendas venerar o utilizar para tus rituales (como por ejemplo cristales, flores, fotografías, libros, velas, talismanes y muchos más. Consulta las tablas de correspondencias de las páginas 276 y 277 si necesitas más ideas).

## PASO 1: PURIFICAR EL ALTAR

El altar es un lugar sagrado en el que se trabaja con energía y, por lo tanto, debe purificarse a menudo para alejar cualquier vibración negativa o no deseada. Antes de empezar, asegúrate de que no hay nada en ese espacio que no desees incluir y venerar.

Apoya toda la planta del pie en el suelo, inspira hondo y conéctate con el Universo. ¿En qué te va a ayudar el altar? ¿Quieres crear un espacio que te conecte con tu vida y/o con una causa mayor? ¿O tan solo quieres disponer de un lugar seguro en el que explorar tus ideas? Ten tus objetivos presentes mientras limpias la superficie de tu altar con salvia o palo santo. También puedes pasar un trapo con agua de Florida (una colonia a base de cítricos famosa por sus propiedades purificantes y por su aroma), con agua de rosas o con agua infusionada en cristales (los elixires de cuarzo y amatista serían perfectos para esto).

## PASO 2: INVITA A TU YO SUPERIOR

Una vez hayas limpiado físicamente el altar, ha llegado el momento de pedirle al Universo y a tu Yo Superior su compasión y bendición. Puedes dirigirte a cualquier otro ser, deidad, ángel, maestro o santo con el que suelas trabajar y pedirle su bendición.

## PASO 3: ¡A DECORAR SE HA DICHO!

Y ahora llega lo más divertido de todo, ¡el momento de la decoración! Puedes colocar velas, cristales, objetos mágikos, talismanes y fotografías, por ejemplo. Los colores que representan cada chakra, y que encontrarás en la tabla de la página 92, también tienen una correspondencia con las velas y la magiak. Podrías, por dar alguna idea, crear un altar donde reine el blanco, con velas blancas, cuarzo, piedra lunar y rosas blancas. En ese caso, transmitirá paz. O a lo mejor prefieres dedicar un altar a un ser querido que ha fallecido. O puede que quieras construir un altar bonito en el que practicar y crear tu magiak. Decóralo a tu gusto. Puedes buscar inspiración en Pinterest, Tumblr e Instagram. Si tu idea es crear un altar de trabajo (en el que practicar hechizos), recuerda que debes dejar un espacio para un grimorio y varias velas.

Si no sabes por dónde empezar, elige un objeto que sea el centro de atención. Puede ser una vela antigua, un cristal, un libro, un retrato de tu abuela, una ofrenda —como fruta o flores—, un talismán o cualquier otra cosa. Añade velas, flores secas, plantas, hojas y cualquier otro elemento que te parezca bonito.

También puedes utilizar el altar para honrar y venerar a tus ancestros y guías. Déjales fruta, leche, miel, licor y algo dulce, como chocolate, a modo de ofrenda. Escríbeles un poema y léeselo en voz alta cada mañana. Recuerda: te están escuchando.

## PASO 4: ANCLAR Y REPETIR

Una vez hayas colocado todos los objetos, puedes volver a purificar el altar o, más fácil todavía, anclar tu energía y disfrutar de los frutos de tu trabajo. Haz un esfuerzo e intenta dedicarle unos segundos a tu altar cada día. A continuación encontrarás algunas ideas para hacerlo. Lee con atención:

- Enciende una vela cada mañana y reza/da las gracias a tus guías y ancestros.

- Saca una carta del tarot cada mañana y déjala en el altar.

- Carga de energía la ropa que te vas a poner: déjala sobre el altar y coloca cristales sobre cada una de las prendas. También puedes recargar las llaves o la cartera poniendo alrededor piedras verdes y negras para evocar creatividad, abundancia y protección.

# Días festivos para una bruja

Las brujas no solo se guían por el ciclo de la Luna, sino también del Sol. Nosotras veneramos el Cosmos, ya que esos cuerpos celestiales renacen, crecen y perecen cada año.

Cada mes, las brujas celebran la luna llena con reuniones denominadas Esbats de luna llena, aunque estos *esbats* se pueden celebrar en otros momentos del año, dependiendo de cuándo se quiera reunir el aquelarre.

Las brujas celebran *sabbats* para honrar el paso de las estaciones, es decir, los equinoccios y solsticios de verano e invierno, además de los días que marcan la mitad de dichos periodos de tiempo, conocidos como días de cruces de cuartos. Los *sabbats* son los días más sagrados para una bruja, pues la atmósfera está cargada de electricidad para la magiak, la manifestación y la reflexión. Los ocho *sabbats* forman lo que se conoce como la Rueda del Año.

Para nosotras los *sabbats* son importantes porque nos conectamos con la Tierra y con su cambio de estaciones. Y los celebramos tal y como solían hacer nuestros ancestros hace siglos, para conectarnos con ese poder ancestral que emerge de los ciclos del Sol y de la Luna.

Cada una de estas festividades se celebra con un altar y ritual particular. A continuación encontrarás toda la información sobre los días festivos; léela un par de veces para familiarizarte con el calendario. Todas las sugerencias y propuestas pueden adaptarse; si quieres celebrar estos días con tus seres queridos o amigos, puedes dar rienda suelta a tu imaginación y preparar rituales que concuerden más contigo.

La Rueda del Año puede variar según el hemisferio en el que vivas. El diagrama muestra la Rueda del Año en el hemisferio norte, es decir, cuando el verano empieza en junio y el invierno en diciembre.

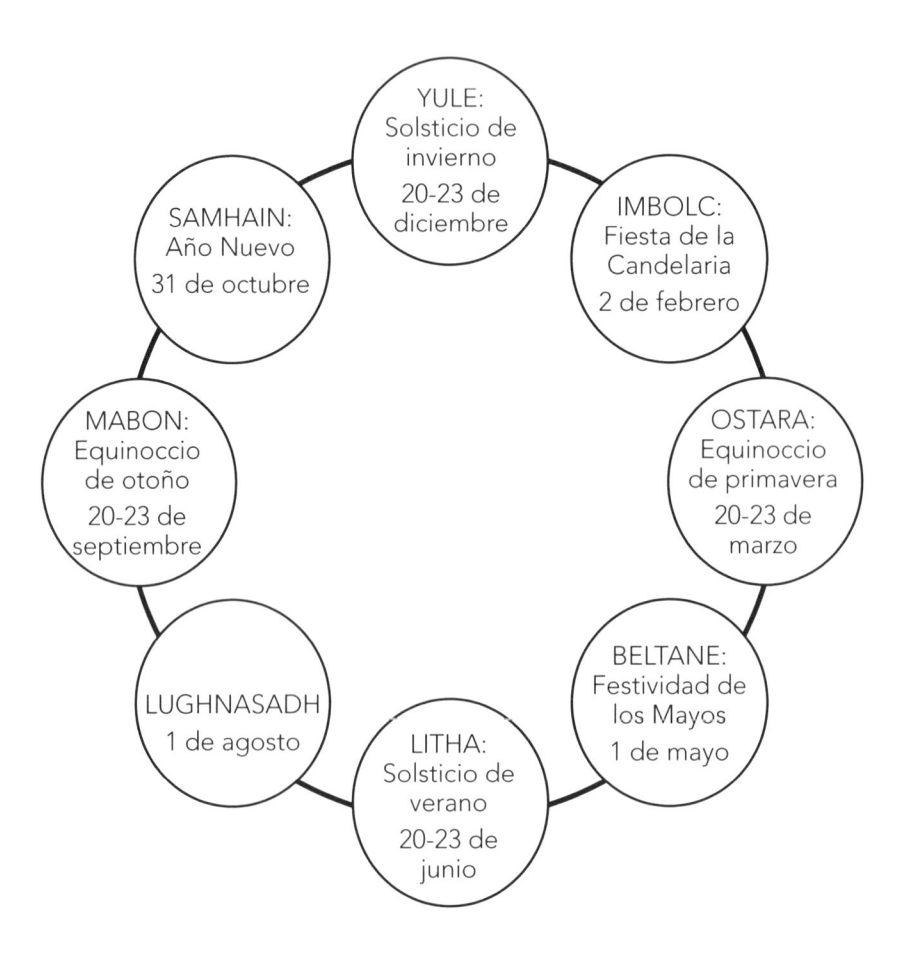

- YULE: Solsticio de invierno 20-23 de diciembre
- IMBOLC: Fiesta de la Candelaria 2 de febrero
- OSTARA: Equinoccio de primavera 20-23 de marzo
- BELTANE: Festividad de los Mayos 1 de mayo
- LITHA: Solsticio de verano 20-23 de junio
- LUGHNASADH 1 de agosto
- MABON: Equinoccio de otoño 20-23 de septiembre
- SAMHAIN: Año Nuevo 31 de octubre

## EL MITO DEL CAMBIO DE ESTACIONES*

Para las brujas, el mito del Dios y de la Diosa representa e imita el cambio de estaciones de la Tierra, que muere en invierno y renace cada primavera. Existen varias manifestaciones y deidades que representan las fuerzas que entran en juego. Hay quien prefiere venerar estos arquetipos como deidades. Algunos de ellos son:

**El Rey Roble:** dios del bosque y de la Tierra, el Rey Roble gobierna el año creciente y derrota al Rey Acebo en el solsticio de invierno. Reina desde diciembre (Navidad) hasta junio (pleno verano).

**El Rey Acebo:** el Rey Acebo, una versión más boscosa y leñosa de Santa Claus, es el dios del año menguante y derrota al Rey Roble en pleno verano. Su mandato va desde junio (pleno verano) hasta diciembre (Navidad).

**La Gran Madre o Diosa:** en Navidad, la Diosa da a luz al Dios Sol. En pleno verano, se reúne con su hijo/consorte y se abrazan hasta tal punto que su amor imita la muerte.

**El Dios Sol:** según el mito que relata el paso de las estaciones a lo largo del año, el Dios Sol se convierte en el amante de la Diosa y fecunda la Tierra para así, en verano, devolverla a la vida. En el equinoccio de otoño, se transforma en el Señor de las Sombras y se prepara para la oscuridad del invierno.

---

* También existen distintas leyendas y mitos para cada una de estas festividades. Puedes leer más sobre ellas a medida que avances en tu práctica de magiak.

# Yule: el solsticio de invierno

## DEL 20 AL 23 DE DICIEMBRE

Se acerca el invierno, y es verdad. El Yule representa la transición hacia otra estación y marca la noche más larga del año y el inicio del año creciente, cuando la luz del sol se vuelve más fuerte, más intensa. El solsticio de invierno se celebra en todos los rincones del mundo desde tiempos inmemoriales. El círculo de Stonehenge está orientado hacia el atardecer del solsticio de invierno.

*El solsticio de invierno es el momento idóneo para entablar una conversación con nuestras sombras. Para entregarnos a la oscuridad y dirigirnos a todo lo que hayamos dejado atrás. Es un día en el que podemos honrar todos los males que sufre nuestra alma y convertirlos en lecciones de las que aprender para el año que está por venir. Es una invitación para transformar las sombras en luces.*

**Cómo decorar el altar:** piñas, plantas como muérdago, acebo o de hoja perenne, corteza de fresno, cardo; velas blancas y plateadas; reliquias familiares o talismanes que te conecten con tus ancestros; un tronco; la carta del tarot de la Muerte.

**Formas de celebración no rituales:** pasar un rato cerca de una hoguera; leer el tarot; elaborar vino caliente con especias; jugar al aire libre; darte un capricho; comprarte un regalo o regalar algo a uno de tus seres queridos.

**Ritual sugerido:** *un ritual de fuego para deshacerte de lo que ya no te sirve.*

**Necesitarás:** una chimenea, un caldero o un cuenco resistente al fuego; papel y bolígrafo; hierbas como romero, ruda o canela, palo santo o salvia; un mechero.

- Busca un lugar seguro para encender un fuego (como una chimenea o un brasero, o un caldero o un cuenco resistente al fuego).

- Date un baño ritual (consultar página 186) con sal, romero y ruda para anclarte y para estar protegida.

- Sal de la bañera, tómate tu tiempo para secar todo el cuerpo y ánclate antes de vestirte y pedirle a tus ángeles y guías que te ofrezcan su ayuda y compasión.

- Crea tu círculo (consultar «Cómo crear un círculo», página 51).

- Anota en una hoja de papel todo aquello de lo que desees despojarte en los próximos seis meses (como una relación tóxica, una situación vital que te preocupa, un mal hábito, etc.).

- Rompe el papel y deja todos los pedazos en el cuenco. Después, pídele a tu equipo cósmico que te ofrezca su guía y mensajes.

- Enciende el papel y observa la llama; recuerda que a medida que el papel se vaya quemando, el vínculo que te une a cualquier patrón de comportamiento inútil e ineficaz va desapareciendo.

- Espolvorea hierbas de protección como romero, ruda y canela.

- Imagina la energía que se desprende de los trozos de papel acumulándose en un cono de poder, extendiéndose desde la base de tu círculo y envolviéndote hasta la cabeza. (En este momento estás liberando tu magiak y energía al Universo, donde podrán hacer su trabajo.)

- Siente esta energía abandonando tu cuerpo y después cierra el círculo.

- Ánclate y céntrate.

- Lanza las cenizas al aire como ofrenda a Universo.

# Imbolc: Fiesta de la Candelaria

## 2 DE FEBRERO

El Imbolc es el primer día de cruces de cuartos, un día que cae justo entre el solsticio de invierno y el equinoccio de primavera. El Imbolc celebra el inminente regreso de la primavera. En estos días, las marmotas se despiertan y buscan su sombra, pues el Imbolc marca el despertar de la Tierra después de un periodo de hibernación, es decir, del invierno. Celebra la promesa de una nueva vida, de nuevos comienzos. Según dicta la tradición, durante el Imbolc se venera a la diosa celta Brígida y se le pide que proteja el hogar, la cosecha y el ganado.

*El Imbolc es un momento para empezar a abrirnos camino desde las oscuras profundidades de nuestra alma, es decir, desde el lugar que hemos explorado durante el Yule. El Imbolc es el día propicio para curar nuestros dolores con la medicina del Sol y cultivar aquello que deseamos mientras nos acercamos al equinoccio de primavera y al inicio de un nuevo ciclo.*

**Cómo decorar el altar:** semillas y plantas; canela, narciso, romero o lavanda; una cucharada de tierra; una cruz o una muñeca de Brígida; velas rojas, blancas o verdes; poesía, escritura y arte; flores blancas o rojas; un caldero lleno de tierra que represente la Tierra. Cartas del tarot como la Tres de Varas o la Estrella.

**Formas de celebración no rituales:** pasa tiempo al aire libre; háblale al Sol; escribe un diario; anota una lista de objetivos y proyectos que quieras desarrollar; pasa tiempo con un bebé; medita; compra plantitas; date un baño ritual u observa las estrellas.

**Ritual sugerido:** *un ritual mágiko con velas para lograr inspiración y abundancia.*

**Necesitarás:** una vela blanca alargada (un cirio); flores blancas, amarillas o rosas; aceite de romero o de lavanda; una campanilla (opcional); una hoja de papel y un bolígrafo.

- Purifica el espacio con palo santo o salvia (consultar página 24).

- Haz sonar la campanilla.

- Ánclate y céntrate.

- Crea el círculo e invoca a los elementos (consultar página 46).

- Imagina que te envuelve una luz blanca mientras sujetas la vela.

- Puedes invocar a Brígida, tus guías o maestros o cualquier deidad que desees para inspirarte. Después medita sobre esta sensación.

- Purifica el bolígrafo y la vela con humo sagrado.

- En la hoja de papel, anota y escribe cualquier pensamiento artístico y creativo que quieras manifestar. Después resume todas esas ideas en una frase corta que puedas escribir sobre la vela.

- Escribe esas palabras en la vela utilizando un bolígrafo, un palillo o una aguja, desde la base hacia el hilo.

- Coge el aceite y unge la vela; primero de arriba hacia el centro y después de abajo hacia el centro.

- Coloca la vela en un portavelas o candelabro y coloca flores alrededor (vigila que no se quemen).

- Enciende la vela (y fíjate bien en la forma que adopta la llama).

- Y después pronuncia la siguiente frase:

    *Que en este día sagrado la luz de esta vela ilumine mi camino y brille sobre mi creatividad que fluye con la misma abundancia que el mar.*

- Baila, canta o tatarea para elevar la energía.

- En el momento más álgido, imagina que la energía se acumula en la base de tu círculo y empieza a formar un cono de poder que te envuelve de pies a cabeza. Y después imagina que irradias un haz de luz blanca desde la cabeza hacia el Cosmos.

- Si puedes, deja que la vela siga ardiendo, pero utiliza un abanico o un apagador de velas para apagar la llama. Nunca pierdas de vista la vela, sobre todo si está encendida, y utiliza candelabros para transportarla sin riesgos. Recuerda no colocarla cerca de algún objeto inflamable. Dado el caso, puedes dejar que se apague por sí sola en un fregadero, pues no supone ningún peligro.

- Cierra el círculo.

- Ancla tu energía.

- Debes deshacerte de la cera de la vela; para ello, puedes enterrarla o dejarla, con mucho cuidado, en un cruce o intersección. De este modo, la energía se dispersará y se «perderá» para así hacer su función.

- Si es necesario, vuelve a encender la vela y repite la visualización al día siguiente, pero en esta ocasión deja que la vela se consuma. No deberías tardar más de tres días después del ritual inicial.

# Ostara: el equinoccio de primavera

## DEL 20 AL 23 DE MARZO

El Ostara, o equinoccio de primavera, marca el primer día oficial de primavera, cuando la noche y el día son igual de largos. El regreso de la primavera se celebra en todo el mundo, aunque de distinta forma: la Pascua cristiana, la Pascua judía o el Año Nuevo iraní, también conocido como Nowruz. Para las brujas, el equinoccio de primavera se denomina Ostara; el nombre proviene de la diosa lunar germánica, una representante de la gran Diosa que dio luz al Dios Sol en el solsticio de invierno. Puesto que es un equinoccio, Ostara es un momento de balance y equilibrio.

*El equinoccio de primavera nos recuerda que ha llegado el momento de celebrar y plantar semillas, tanto a nivel metafórico como físico, para que así nuestros deseos florezcan en la próxima estación. También es el momento más propicio para reconocer y honrar todas las cosas que hemos conseguido desde el solsticio de invierno. Es época de florecer, respirar, crear, procrear y cosechar el dulzor de lo que hemos manifestado mientras, día tras día, nos acercamos más a la luz.*

**Cómo decorar el altar:** cualquier flor (sobre todo de colores cálidos); velas negras y blancas; semillas, cítricos, frutas, granadas, miel; cuarzo, venturina; o una ofrenda de leche o miel para las hadas. Cartas del tarot como la Sacerdotisa o el Nueve de Copas también pueden servir para adornar tu altar.

**Formas de celebración no rituales:** planta flores o arregla el jardín; da un paseo bajo el sol y háblales a los árboles; purifica tu hogar y dona ropa vieja a una organización benéfica. Recoge flores, sécalas y colócalas en un marco *vintage*; disfruta de un pícnic en el campo; nada o corre al aire libre, desnuda y con los rayos de sol besando tu piel.

**Ritual sugerido:** *una meditación de plantas para una conexión espiritual.*

**Necesitarás:** una planta enredadera, como la hiedra, algo con lo que te sientas conectada y que pueda sobrevivir en tu lugar sagrado.

- Purifica el espacio con palo santo, salvia o cedro.

- Ánclate y céntrate.

- Crea tu círculo.

- Sujeta la planta en la mano y piensa en cómo te conecta con el Universo. Debes cuidarla y atenderla igual que cuidas y atiendes tu mundo interior. La planta debe recordarte que siempre hay un equilibrio dentro del caos.

- Si estás pensando en trasplantar tu planta, este es el mejor momento para hacerlo.

- Después, toma asiento y coloca la planta delante de ti. Imagina que la energía de esa planta se asienta en tu corazón, que sus raíces se extienden por tus piernas hasta alcanzar la Tierra. Sus ramas y hojas crecen y recorren tus brazos hasta alcanzar la parte superior de tu cabeza, conectándola de nuevo con la Tierra.

- ¿Qué sensación te aporta la energía de esa planta? ¿A qué te recuerda? ¿Notas una conexión con un ser fantástico? Anota cualquier idea, sensación o visión en tu grimorio.

- Cierra el círculo.

- Ancla tu energía.

- Conéctate con esta energía cada vez que cuides de la planta. Dedícale palabras cariñosas y tiernas. Pídele que te guíe. Construye una relación con el espíritu de la planta, ¡y escúchalo!

# Beltane: Festividad de los Mayos

## DEL 30 DE ABRIL AL 1 DE MAYO

La Festividad de los Mayos, que se celebra en la víspera del 1 de mayo y el mismo 1 de mayo, es el segundo día de cruces de cuartos del año y cae entre el equinoccio de primavera y el solsticio de verano. El palo de mayo es, sin lugar a dudas, la imagen más famosa de este día, con el fuego y la fertilidad como protagonistas. Marca la inminente llegada del verano y toda la sensualidad que desprende el sol. El Beltane representa la sexualidad sagrada y el ciclo eterno de sacrificio y renacimiento que se necesita para que la vida continúe. En esta fecha, los antiguos celtas honraban a Bel, el dios de la luz y el fuego que representa la deidad que impregna a la Gran Madre. Los celtas solían encender hogueras que simbolizaban el regreso de la luz al mundo, un ritual que todavía sigue vivo hoy en día.

*La Festividad de los Mayos es un día para replantearnos el cómo y el por qué encendemos nuestra llama. ¿Qué enciende tu corazón? ¿Y tu cuerpo? ¿Y tu alma? ¿Qué te gustaría seguir manifestando en la estación que está por llegar? Es un día para dar rienda suelta a la pasión, al crecimiento y a todo tipo de amor.*

**El mito de Beltane:** en esta época del año, los antiguos romanos celebraban la Floralia, una ceremonia de cinco días en honor a Flora, la diosa de las flores. Para los antiguos germanos, la Festividad de los Mayos se conocía como Walpurgis; las brujas se reunían para celebrar y dar la bienvenida a la primavera. Era una manera de asegurar que las cosechas serían abundantes en la estación venidera y, además, era una época de fertilidad.

**Cómo decorar el altar:** flores de todo tipo; coronas de flores y lazos de colores; ramitos de romero, agripalma y caléndula; la carta del tarot de los Amantes.

**Formas de celebración no rituales:** pasar tiempo al aire libre; encender una hoguera; diseñar y llevar una corona de flores; hacer ofrendas de leche, miel o fruta para los seres fantásticos; hacer el amor; adivinación; recolectar fruta o coger flores silvestres.

**Ritual sugerido:** *un ritual de cuarzo rosa para el amor propio.*

**Necesitarás:** un trozo de selenita (uno que no sea muy rugoso para que no te arañe la piel); un trozo de cuarzo rosa pulido; un espejo y aceite de rosas o aceite para masajes.

- Purifica el espacio con palo santo o salvia.

- Coloca un jarrón con rosas o flores sobre el altar y vístete con alguna prenda que te haga sentir sensual y poderosa.

- Ánclate y céntrate.

- Crea un círculo.

- Busca un lugar cómodo en el que sentarte con tu espejo.

- Purifica tu aura con la selenita, empezando por la parte superior de tu cabeza. Después, desliza poco a poco el cristal por el cuello, los brazos, las palmas, el corazón, el torso, las piernas y las plantas de los pies.

- Coloca el espejo delante de ti y úntate las piernas con un poco de aceite.

- Utiliza el cuarzo rosa para el masaje. Empieza por la planta de los pies y ve subiendo por ambas piernas.

- Imagina que el cristal irradia una luz dorada que se funde con tu piel.

- Regálate algún que otro cumplido y di en voz alta lo que te gusta sobre cada parte de tu cuerpo. (Siempre hay algo, ni que sea un simple «Me encanta que mis piernas me ayuden a andar sin dolor» o un «¡Gracias, corazón, por estar siempre abierto a todo!»)

- Sigue deslizándote por las piernas, añadiendo aceite cuando sea necesario, hasta alcanzar los huesos de la pelvis, después el torso, los brazos, el cuello y el tercer ojo (un portal espiritual ubicado en el centro de la frente). Y llega hasta la parte superior de la cabeza. Una vez hayas recorrido todo tu cuerpo, coloca las manos en tu corazón. Deberías sentirte como si estuvieras dentro de una esfera de luz dorada y cálida.

- Cuando sientas una ligera vibración o una ola de calor, o sencillamente cuando creas que ya estás preparada, lee la siguiente frase:

> *Bendigo este templo con cuarzo rosa, bendigo este corazón abierto como una puerta abierta.*

- Imagina que tu corazón es la puerta más hermosa que jamás has visto, que se abre al Universo para recibir todo el amor y las ofrendas que quiere entregarte.

- Y después di:

  > *Que este amor esté siempre presente; que siempre pueda saborear esta conexión.*

- Tómate unos instantes para pensar en todo aquello que te hace feliz y en todo aquello que amas de ti misma.

- A medida que tu energía aumenta, imagina un cono de poder extendiéndose desde la base de tu círculo hasta la parte superior de la cabeza y después dirigiéndose al Universo en un rayo de luz dorada.

- Libérate de todas tus intenciones y lánzalas al Cosmos. Recuerda que un amor abundante te está esperando.

- Cierra el círculo y ancla tu energía.

- Anota tu experiencia en tu grimorio.

# Litha: el solsticio de verano

### DEL 20 AL 23 DE JUNIO

¡Ya era hora! ¡Por fin es verano! Es momento de despedirse de la melancolía invernal y adentrarse en la versión más hermosa y expansiva de uno mismo. Es el día más largo del año, y la noche más corta. También es el inicio de la estación menguante. Podría decirse que este día marca el clímax energético del año, pues el Sol alcanza su punto más alto. Es momento de celebrar todo el amor que hemos entregado, todos los obstáculos que hemos superado y todo el esfuerzo y trabajo que hemos realizado en los últimos seis meses.

*En esta época del año el Cosmos está dedicado a nosotros, por lo que podemos despojarnos de todo lo que nos hemos guardado. ¿Qué aventura creativa nos aguarda? ¿Qué quieres seguir nutriendo y alimentando en la estación venidera?*

**Cómo decorar el altar:** rosas y otras flores de verano; velas rojas, doradas o naranjas; un cáliz o un caldero lleno de agua; ramilletes de brezo rojo o blanco; hojas de roble o de acebo; y la carta del tarot del Sol.

**Formas de celebración no rituales:** encender una hoguera, nadar en el océano o en un lago; dar un paseo por un parque; dejar una ofrenda a los seres fantásticos. Puedes tomarte una copa de vino en una pradera, acompañada de tu pareja o de amigos; regálate un ramo de rosas; vístete con colores veraniegos y dorados; haz el amor y disfruta del momento más energético del año.

**Ritual sugerido:** *un hechizo y una ofrenda de pétalos de rosa para manifestaciones dulces y tiernas.*

**Necesitarás:** una rosa por cada persona que participe; un caldero o un cuenco; aceite con propiedades relacionadas con lo que quieras manifestar (dado el caso); hierbas como lavanda, hierba de San Juan, salvia, menta (todas son de temporada); cristales como cornalina, cuarzo transparente, ojo de tigre y granate; un bolígrafo (mejor si es dorado o plateado, pero el negro también funcionará).

- Busca un lugar donde estés tranquila y nadie te moleste.

- Ánclate.

- Crea un círculo.

- Colócate en el centro del círculo, con las rosas y los cristales.

- Y después lee la siguiente frase:

  *En este día de solsticio de verano, estas rosas oyen y escuchan mis oraciones. Que se manifiesten con claridad y elegancia y que todo esté a mi favor.*

- Expón una intención cada vez que arranques un pétalo de la rosa. Puedes utilizar una misma intención para varios pétalos, puedes arrancarlos uno a uno o varios a la vez. Ve dejando todos los pétalos dentro del caldero o del cuenco.

- Si estás compartiendo el ritual con otras personas, haced turnos. Mientras uno expone sus intenciones, los demás deben sostener el espacio.

- Si quieres, puedes escribir lo que quieres manifestar en los pétalos.

- Continúa hasta que tus rosas se queden sin pétalos.

- Ahora es el momento de la ofrenda. Añade las hierbas y aceites elegidos al caldero o cuenco. Las flores son seres que pueden oírte: ten presente que te están escuchando, sobre todo cuando expongas tus intenciones.

- Imagina que el ritual ha liberado una energía que ha formado un cono de poder que se extiende desde la base del círculo hasta tu cabeza. Ahora es cuando empiezas a liberar tu magiak y energía al Universo.

- Siente que esta energía se desprende de tu cuerpo.

- Cierra el círculo.

- Ancla tu poder.

- Recoge los pétalos y espárcelos en algún lugar al aire libre. Si tienes un manantial o un río cerca, sería lo ideal. Arroja los pétalos al viento o al agua, agradece el trabajo que han hecho por ti y devuélvelos a la Tierra a modo de ofrenda. También puedes preparar aceite de rosas con esos pétalos o unirlos en un ramillete junto con romero y guardarlo bajo tu almohada.

# Lughnasadh o Día de Lammas

## 1 DE AGOSTO

El Lughnasadh, que proviene del dios del Sol celta, Lugh, es un día de cruces de cuartos y el primero de los tres días festivos de cosecha, pues marca el inicio de la temporada de cosecha. Este día suele celebrarse con un gran banquete (sobre todo con pan y pasteles) y con juegos y música. Es el momento en que damos la bienvenida a la inminente oscuridad a un nivel energético. Nuestros espíritus empiezan a alzarse y a prepararse para el otoño: ¡algo emocionante nos espera a la vuelta de la esquina!

¿Qué debes nutrir más? ¿Y menos? El día de las Lammas nos permite ver cómo nuestros objetivos de verano se mantienen y se cumplen y nos ofrecen la oportunidad de prepararnos para la estación que está por venir, tanto a nivel físico como emocional y espiritual.

**Cómo decorar el altar:** cereales; amapolas; arándanos; trigo y cualquier otra cosecha de temporada; velas de colores otoñales, como doradas, marrones y granates; piedras de color naranja o rojo oscuro, como la cetrina, la cornalina, el ojo de tigre y el ámbar; la carta del tarot del Sol.

**Formas de celebración no rituales:** prepara pan casero; recoge cereales o escribe una lista de todo aquello que pretendes cultivar, tanto a nivel espiritual como mental, y mantén esa lista a la vista; pasa tiempo cultivándote a ti misma o a tus seres queridos; escribe un diario; lee el tarot; y tómate un tiempo para dar las gracias a las recompensas que están por venir.

**Ritual sugerido:** *un hechizo para recalibrar y cultivar nuevos comienzos.*

**Necesitarás:** papel y bolígrafo; tu grimorio; un cuenco resistente al fuego o un caldero; aceites de cítricos o agua de Florida; salvia, palo santo o cedro; y una planta, si la tienes.

- Purifica el espacio con humo sagrado de salvia, palo santo o cedro.

- Ánclate, céntrate y conéctate a la energía de la Tierra.

- Crea tu círculo.

- Dobla el papel por la mitad y piensa en los próximos dos meses y el inicio del otoño.

- En la parte derecha del papel, anota todo lo que te nutre.

- En la parte izquierda, anota lo que ya no te nutre.

- Sé lo más precisa que puedas y describe todo lo que alimenta tu energía, y todo lo que la merma.

- Separa las dos secciones.

- Echa un vistazo a lo que merma tu energía. En tu grimorio, escribe cinco ideas para cambiar esas cosas e invertir el resultado o cinco ideas para encontrar nuevas formas de alimentar tu energía.

- Rompe la mitad del papel que contiene la lista de cosas que merman y agotan tu energía y quémalo.

- Puedes sumergir la lista de lo que sí te alimenta en el aceite o el agua de Florida, pero siguiendo el orden de un pentagrama (es decir, empezando por la esquina superior izquierda hacia la esquina inferior izquierda, después hacia la derecha, hacia la izquierda, hacia la parte inferior derecha y, por último, la esquina superior derecha).

- Cuando te sientas preparada, dobla el papel por la mitad. Puedes dejarlo debajo de tu planta o sobre el altar hasta la próxima luna llena. También puedes enterrarlo en un lugar al aire libre después de completar el ritual.

- Cierra los ojos y visualízate respaldada, alimentada y cuidada durante todas tus aventuras.

- Eleva tu energía. Para ello, puedes cantar, tatarear, bailar o masturbarte.

- Cuando alcances el clímax, imagina un cono de poder extendiéndose por todo el círculo y después emergiendo de tu cabeza hacia el Universo: esta es tu declaración de nutrición y salud. Es una promesa.

- Cierra el círculo.

- Ancla tu energía.

En la próxima luna llena, dedica unos minutos a comprobar si te sientes plena y nutrida y, dado el caso, qué estrategias puedes utilizar para despojarte de todo aquello que te impide sentirte protegida y respaldada.

# Mabon: el equinoccio de otoño

## DEL 20 AL 23 DE SETIEMBRE

Todo el mundo reconoce la sensación que suele acompañar el otoño. El ambiente se vuelve más pesado, el velo es más turbio y se percibe algo distinto en el aire. Todos estos cambios se producen de manera oficial en el Mabon, el primer día de otoño, cuando la noche y el día son igual de largos, o de cortos. El otoño es un momento de equilibrio, una melodía que toca el Sol y que llega junto con el signo de Libra, la balanza. En el Mabon se termina la cosecha y estamos ansiosos por la inminente llegada del invierno, una época de muerte, renacimiento y transformación. Es un día para sentirse agradecido y dar las gracias.

*El equinoccio de otoño es el momento para observar la abundancia que nos rodea antes de adentrarnos en la oscuridad y esperar a la transformación que se nos ha prometido. En el equinoccio de otoño se nos permite empezar a transformarnos en nuestro yo más pleno. Es el día de Acción de Gracias, cuando le damos las gracias al Universo por toda la abundancia que nos ha proporcionado.*

**Cómo decorar el altar:** calabacín y calabazas; hojas; bellotas; semillas, frutos secos y piñas; plumas; cualquier cosa que te haga sentir plena y anclada. Se decía que en el centro de los misterios eleusinos siempre había una mazorca de maíz, así que, si te apetece, puedes añadirla a tu altar. El Diez de Pentáculos es la carta del tarot más apropiada.

**Formas de celebración no rituales:** prepara zumo de manzana; pasa una tarde en un cementerio; ve una película de miedo y prepara tu receta casera favorita; dedica toda una tarde a recoger hojas bonitas y colócalas en un marco *vintage*; da un paseo por el parque y da las gracias a los árboles y a las flores por sus regalos; haz una lista de todo por lo que estás agradecida, y da las gracias al Universo por habértelo proporcionado.

**Ritual sugerido:** *una manzana y un ritual de elemento para pedir guía y protección.*

Este ritual consiste en prepararse para el invierno y nos recuerda que estamos respaldados y protegidos incluso en la época más oscura del año.

**Necesitarás:** un cuchillo, una manzana (o una granada o una fruta cítrica si eres alérgica a las manzanas) y una vela de té blanco.

- Purifica el espacio con salvia y un ramillete de canela si tienes.

- Ánclate.

- Crea el círculo.

- Invoca la energía de gratitud y concéntrate en la idea de la abundancia. Siente cómo esta luz blanca se extiende por todo tu pecho y tu ser.

- Corta la manzana por la mitad, a lo ancho. Una vez cortada, verás que las semillas tienen forma de estrella.

- Haz un agujero en una de las mitades lo bastante grande como para colocar la vela de té blanco.

- Coloca la vela en el agujero de la manzana y pronuncia la siguiente frase:

    *Incluso en invierno siempre encuentro mi poder. Que siempre pueda ver el camino y ser consciente de la abundancia que me rodea.*

- Enciende la vela y pide a tus ángeles guardianes y deidades que bendigan esa luz mientras te adentras en el invierno. La vela blanca representa tu guía interior y la luz que brilla dentro de ti.

- Coge la otra mitad de la manzana.

- Dale un mordisco y di:

    *Elemento de la Tierra, que siempre cuente con tu protección.*

- Da otro mordisco y di:

    *Elemento del Aire, que siempre cuente con tu guía.*

- Da otro mordisco y di:

    *Elemento del Fuego, que siempre cuente con tu pasión.*

- Da otro mordisco y di:

*Elemento del Agua, que siempre cuente con tu apoyo.*

- Da un último mordisco y di:

    *Elemento del Espíritu, que siempre sienta el hilo cósmico que me une a ti. Que siempre pueda ver tu luz cuando la necesite. Por muy débil que sea.*

- Visualiza una luz blanca a tu alrededor. Siéntate.

- Libera esta energía e imagina que forma un cono de poder desde la base del círculo hasta tu cabeza. En este momento empezarás a irradiar tu magiak y energía hacia el Universo para que pueda cumplir con su misión.

- Siente cómo esta energía abandona tu cuerpo.

- Cierra el círculo y ánclate.

- Cuando la luz de la vela se apague, entierra o tira la manzana en una intersección o cruce de caminos.

# Samhain: el Año Nuevo de las Brujas

## 31 DE OCTUBRE

¡HA LLEGADO EL AÑO NUEVO! ¡Y ES HALLOWEEN! Si hay un día en que puedes sacar a la bruja que llevas dentro, es en Samhain. También conocido como el Año Nuevo de las Brujas, el Samhain celebra todo aquello que hemos conseguido y nos permite compartirlo con todos los que nos han ayudado en el proceso: nuestros ancestros. El velo que separa ambos reinos se puede mover como si fuese una cortina, pero lo cierto es que en este momento del año es mucho más fácil asomar la cabeza y echar un vistazo.

*Venerar a nuestros ancestros, a nuestras raíces, a nuestras familias y a nosotros mismos es el objetivo principal del Samhain, pues nos anima a adentrarnos en el Otro Lado. Halloween no es como los otros sabbats, ¡y el motivo es más que evidente! Debemos utilizar el Año Nuevo de la bruja para recargarnos de energía y reiniciarnos.*

**Cómo decorar el altar:** rosas y flores de colores vívidos y brillantes; calaveras; objetos decorativos de temporada, como calabacines, calabazas, bellotas y semillas; velas de colores otoñales, como negro, rojo oscuro y naranja; reliquias familiares y talismanes que te conecten con tus ancestros; cualquier ofrenda a tus iconos o seres queridos que viven en el Otro Lado. También puedes añadir cartas del tarot como la de la Muerte y la Luna.

**Formas de celebración no rituales:** diviértete con el juego de truco o trato; disfruta de un pícnic a medianoche en un cementerio; escribe una carta dedicada a tus seres queridos fallecidos y después quémala. Deja una ofrenda de vino caliente con especias para tus ancestros; háblale a la Luna y disfruta de la noche.

**Ritual sugerido:** *un hechizo de bendición ancestral para gozar de un Año Nuevo dulce.*

**Necesitarás:** una granada (si eres alérgica, puedes utilizar una manzana); un bolígrafo y tu grimorio; fotografías de tus familiares o seres queridos que han fallecido, o de tus iconos o guías, que deberás colocar sobre tu altar; un *athame* o una varita; un cuenco y una vela de té negro.

- Purifica tu espacio varias veces. Es el momento más importante y más energético de todo el año, así que debes asegurarte de que el espacio sea seguro, tranquilo y acogedor.

- Ánclate y céntrate antes de tratar de establecer una conexión con la sabiduría y los espíritus de tus ancestros.

- Crea un círculo y, cuando ya hayas invitado a todos los elementos, pide a tus ancestros que también se unan a tu ritual.

- Pronuncia la siguiente frase:

*Nos reunimos en este día para recordar que el velo es muy fino y delgado. Ancestros y guías, a vosotros os pido compasión, amor y protección. Reuniros conmigo en esta celebración de Samhain mientras reflexionamos sobre el año que hemos dejado atrás y damos las gracias por sus manifestaciones.*

- Abre tu grimorio y traza una línea en una página para dividirla por la mitad. Escribe una lista de «espinas» y otra de «rosas» del año y anota todo lo bueno y lo malo que has vivido para así poder hacer balance.

- Una vez hayas terminado, dirígete al altar.

- Recita cada «rosa» a tus ancestros y come una semilla de granada por cada una (o da un mordisco a la manzana). Imagina que cada semilla de granada se transforma en algo bueno y positivo.

- Cuando hayas acabado de pronunciar tu lista de «¡rosas», usa el *athame* o la varilla para dibujar el símbolo del pentáculo sobre el altar y pronuncia la siguiente frase:

    *Que en este nuevo año solo vea rosas delante de mí.*

- Repite el ejercicio para las «espinas», salvo que en lugar de comer una semilla de granada, déjalas en el cuenco como ofrenda a tus ancestros.

- Dibuja el símbolo del pentáculo sobre el altar, solo que esta vez al revés, y pronuncia la siguiente frase:

    *Que estas espinas se conviertan en oportunidades. Que mis ancestros me muestren el camino a la luz, al amor y a la sabiduría, incluso en los días más oscuros.*

- Enciende la vela negra, inspira hondo cinco veces y observa la llama.

CELEBRAMOS CONECTARNOS CON LA TIERRA Y EL CAMBIO DE ESTACIONES COMO HACÍAN NUESTROS ANCESTROS SIGLOS ATRÁS.

- Suaviza la mirada y fíjate en las sensaciones o imágenes que te muestra la llama de la vela. ¿Estás pensando en alguien? ¿Crees haber recibido algún mensaje de tus seres queridos? Si es posible, deja que la vela se apague sola.

- Da las gracias a tus ancestros y ofréceles las semillas de granada.

- Cuando te sientas preparada, despídete de tus ancestros y deja que vuelvan al reino de los espíritus mientras dices algo como:

    *Ancestros, siento vuestro espíritu y os doy las gracias por haber oído mi llamada y haber respondido a ella. Que siempre recuerde vuestra sabiduría y presencia. Sé que siempre estáis conmigo. Gracias por haber participado en este ritual. Ha llegado el momento de la despedida. Marchaos en paz.*

- Cierra el círculo.

- Ánclate y céntrate. Anota todo lo que has observado y sentido en tu grimorio.

- Si puedes, coloca la vela en un lugar seguro y deja que se apague sola. Tardará unos tres días más o menos. Pasado ese tiempo, puedes dejar las semillas de granada en un lugar al aire libre como ofrenda al mundo natural.

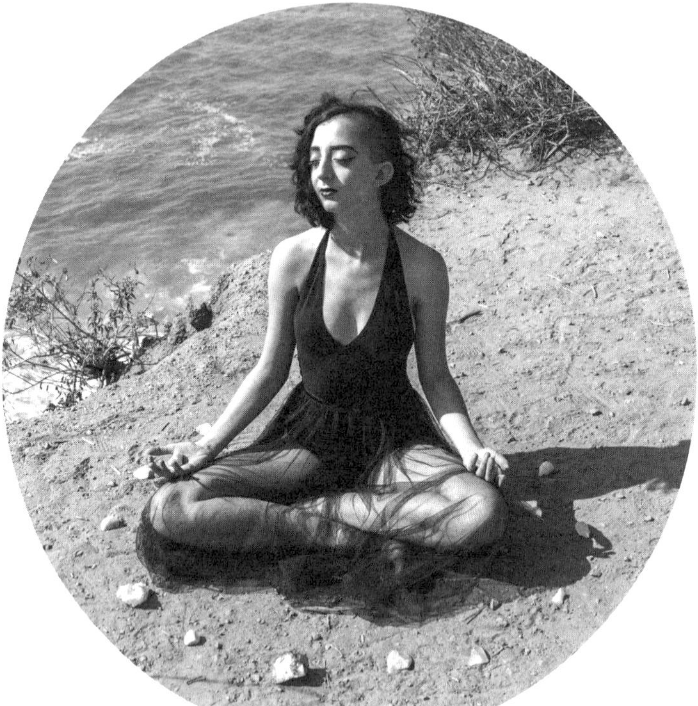

CAPÍTULO 2

# Todo es energía

Está bien, Salvaje, ahora ya sabes que el Universo es un desorden caótico pero también un mar de calma y serenidad, y que esa naturaleza dual que encontramos en él también se encuentra en ti. Cuando el Universo gira, tú giras. Recuerda que para poder lanzar un hechizo debes concentrarte en tu intención y en todas las acciones necesarias para manifestarla. Ahora ya conoces las Leyes de la Bruja, capaces de transformar el caos en creación, los hechizos en magiak y la magiak en realidad. Bien, ha llegado el momento de aprender sobre ti; sobre los aspectos más sutiles de tu ser y con los que has estado bailando durante toda la vida, tal vez sin saberlo.

¿Alguna vez has tenido la sensación de un nudo en el estómago, como si presagiaras que algo malo va a pasar? ¿Alguna vez has tenido una corazonada y después se ha cumplido? ¿Alguna vez has notado un cambio de energía en tu espacio cuando ha entrado un desconocido? ¿Alguna vez has tenido un mal presentimiento antes de ir a algún sitio y después, cuando has ido, la experiencia ha sido un desastre? A mí me pasa cada dos por tres, y es totalmente normal. ¡Se le llama intuición!

La intuición está relacionada con el cuerpo sutil (es decir, nuestro cuerpo energético) y es una especie de mensajero invisible. Nuestros cuerpos están rodeados de campos energéticos y, pese a que la radiación y los campos electromagnéticos pueden trazarse y rastrearse, estos campos energéticos no. Se perciben solo por sus efectos. El aura es la parte más íntima y privada de nuestro campo energético; de hecho, es el límite de nuestro universo personal y lo que más nos afecta. El aura, junto con otras partes de nuestro cuerpo sutil, recibe y envía información al resto del cuerpo como si fuese una antena.

# El aura

El aura es un campo de energía electromagnética que tiene forma de huevo y que envuelve nuestro cuerpo. La mayoría de nosotros no puede verla, a menos que la capture una fotografía, pero lo cierto es que muchos sí podemos sentirla y reconocerla. Debes imaginarte tu aura como una nube, una nube única y personal que le transmite al mundo cómo te sientes a nivel energético, emocional, físico y espiritual. A todos nos ha pasado alguna vez: estar cerca de alguien cuya mera presencia nos hace sentir pletóricos, amados y aceptados; ¡es el poder del aura!

Nuestra aura nos conecta con distintos planos energéticos, también a nivel físico y etéreo. También nos conecta con nuestros chakras, los centros energéticos que tenemos repartidos a lo largo de la columna vertebral. El aura es solo un aspecto de nuestro campo energético, pero es el más íntimo. De hecho, el aura está dividida en siete niveles, en siete capas, desde la más física, hasta la más divina y etérea (igual que las capas del mismo Universo). Cada capa o nivel se corresponde con un chakra distinto.

Cuando disfrutamos de una salud de hierro, se dice que nuestra aura se ensancha, que se expande a nuestro alrededor. En cambio, cuando nuestro cuerpo, mente o alma están enfermos o heridos, el aura se encoge y sus colores pierden intensidad. ¿Alguna vez has creído notar la negatividad de una persona? Y no me refiero una persona malvada o tóxica, sino a alguien que parece estar envuelto en una nube de negatividad. Pues bien, queridas, así es como yo describiría a alguien con un aura turbia.

Un aura sana, para aquellos que son capaces de verla, parece una nube brillante y reconocible que irradia una luz de algún color.

| Color del aura | Cuando está equilibrada | Cuando no está equilibrada |
| --- | --- | --- |
| Rojo | Pasional, energética, sexual y poderosa. | Enfadada, ansiosa, obsesionada o nerviosa. |
| Rosa | Cariñosa, tierna, sensual, empática y romántica. | Inmadura, mentirosa. |
| Naranja | Segura, creativa, inteligente, detallista y artística. | Estresada, abrumada, sobrecargada de trabajo y con alguna adicción. |
| Amarilla | Despierta, inspiradora, relajada y optimista. | Asustada, agobiada, estresada, abrumada y sobrecargada de trabajo. |
| Verde | Sanadora, cariñosa, comunicativa e integradora. | Celosa, envidiosa, insegura, con la autoestima por los suelos y victimista. |
| Azul | Tranquila, tímida, emocional, intuitiva, espiritual y sensible. | Con miedo a decir lo que piensa, miedo a la sinceridad y a la empatía. |
| Añil | Psíquica, visual, sincera, consciente y conectada a su Yo Superior. | No anclada; entrega demasiado a los demás y tiene miedo a la sinceridad. |
| Violeta | Es el color más sensible; sabia, intuitiva, mágika y futurista. | No anclada y no trabaja el plano físico. |
| Blanco | Energía nueva, la luz más pura, angelical, que goza de una nueva vida y una nueva energía. | Dedica demasiado tiempo a lo espiritual y no se ancla suficiente al plano físico. |
| Negro | No hay un adjetivo positivo para personas con un aura oscura; requiere de una sanación intensa. | Todavía no ha perdonado errores de vidas pasadas, ni ha superado el dolor de sus ancestros, por lo que la negatividad es abrumadora. |

Nuestras auras son un reflejo de los desequilibrios que sufrimos. Para purificar el aura, podemos pasar por ella un poco de salvia, palo santo o selenita. Prueba lo siguiente: siéntate en un parque, o en un jardín, e imagínate que te envuelve un resplandor verde. Los baños de sales también ayudan a anclar y limpiar nuestro espíritu; también son perfectos para esos momentos en que nos sentimos ansiosos, nerviosos, inquietos o como si hubiéramos absorbido la energía negativa de otra persona. Puesto que la sal es un cristal diminuto, nos ayuda a absorber el exceso de energía, además de anclar la nuestra. Los baños de sales son una forma de conseguirlo. También puedes meditar y centrar toda tu atención en un único color, en aquel cuyas propiedades necesites en ese momento específico de tu vida. Por ejemplo, si quieres ser más creativa, puedes imaginarte envuelta en una luz naranja. También puedes practicar la meditación de chakras, que explicaré en el siguiente apartado.

# Los chakras

La palabra *chakra* significa «rueda de luz» en sánscrito. Los chakras son centros energéticos ubicados a lo largo de la columna vertebral. Cada uno de ellos tiene un propósito distinto. Aunque los chakras son originalmente un concepto hindú, lo cierto es que existen variaciones del sistema en todo el mundo. De hecho, es imposible contar todos los centros energéticos que hay en el cuerpo humano. Aun así, hay siete chakras principales reconocidos por todas las culturas y filosofías universales. Los chakras son los transformadores de energía del cuerpo, pues son capaces de cambiar y alterar la vibración energética. Son recaudadores y transmisores del cuerpo energético y se dice que están colocados en las ramas principales de nuestro sistema nervioso. Al igual que el sistema inmune, el sistema de chakras nos ayuda a estar sanos, pues cuida del bienestar de nuestras energías sutiles y cuerpos espirituales.

Los chakras se basan en el kundalini, es decir, la energía vital que se enrosca en la base de nuestra columna vertebral como si fuese una serpiente. Esta energía se suele relacionar con Shakti, una diosa hindú que representa la consciencia suprema eterna. Cuando despertamos nuestra consciencia, el kundalini se desliza a lo largo de los chakras hasta alcanzar el último, situado en la parte superior de la cabeza, donde reside Shiva, el dios hindú de la consciencia suprema infinita.

En el momento en que las dos energías se funden, nos «despertamos» y nos liberamos de los ciclos kármicos de la muerte y el renacer y por fin logramos la consciencia suprema.

## UNA MEDITACIÓN DEL CHAKRA

Esta simple meditación te ayudará a alinear y equilibrar tus chakras y tu aura. Empieza por imaginar una bola de luz roja brillante en la base de tu espina dorsal, tu chakra raíz. Esta luz estará mientras haces unas cuantas respiraciones profundas. Luego se irá moviendo hacia tu chakra sagrado, y volviéndose naranja en el camino. Respira antes de que se mueva hasta tu plexo solar y se vuelva amarilla. Haz esto con cada chakra, e imagina que la luz cambia a su color correspondiente a medida que asciende.

Cuando llegue a la parte superior de tu cabeza, imagínala ahí durante unas cuantas respiraciones, y déjala moverse hacia abajo por tu espina dorsal, yendo del color blanco al violeta y del violeta al azul a medida que baja.

Puedes imaginar flores abriéndose en cada chakra y sus colores correspondientes, floreciendo mientras subes y plegándose mientras bajas. Usa las mismas flores para cada una de tus meditaciones del chakra, y recuerda cerrar los chakras siempre que los abras. Esto te ayudará a tenerlos equilibrados.

| Chakra | Color | Mantra | Equilibrado |
|---|---|---|---|
| *Muladhara*: chakra raíz. Ubicado en la base de la columna vertebral. | Rojo | *Lam* | Perseverancia, pasión por la vida y anclaje. Cuando este chakra está en equilibrio, sentimos que tenemos todas las necesidades cubiertas (comida, agua, casa) y eso nos permite vivir y crear de forma segura |
| *Svadhishthana*: chakra sexual. Ubicado entre el ombligo y los genitales. | Naranja | *Vam* | Creatividad, singularidad, abundancia y placer; capacidad de crear y cultivar el amor y la ternura. Cuando este chakra está en equilibrio, podemos expresarnos de una manera única y creativa. |
| *Manipura*: tercer chakra. Localizado en el plexo solar. | Amarillo | *Ram* | Seguridad, confianza, poder, energía… eres como la llama que ilumina tu alma: viva y sana. ¡Este chakra es como el Sol! Eres una persona con metas claras, motivada y dispuesta a conseguir tus objetivos. |
| *Anahata*: cuarto chakra. Localizado en el corazón. | Verde | *Ram* | Amor, compasión, perdón, empatía, receptividad y consciencia. El chakra del corazón es donde se une lo físico y lo espiritual. Vivir con este chakra abierto significa vivir con el corazón abierto: dispuesto a recibir y a dar amor y positividad. |

| No equilibrado | Cómo equilibrarlo |
|---|---|
| Problemas para encontrar estabilidad y equilibrio. En este caso sufrimos ansiedad, miedo y pesadillas. | Medita. Trabaja con piedras de color rojo (como granate, jaspe rojo o heliotropo). Confía en el Universo. Escribe cartas a tus guías espirituales y deidades y después quémalas. |
| Una vida sexual poco saludable y frustración creativa; miedo a mostrarte tal y como eres. Estás bloqueada y no puedes expresarte de manera alegre y creativa. | ¡Juega! Haz algo creativo para sacar a tu Niño Interior. Entra en contacto con tus emociones; para ello puedes escribir un diario, meditar, mantener relaciones sexuales o masturbarte. |
| Problemas para gestionar la ira, baja autoestima y sensación de estar perdida. Tal vez te comportes de una forma demasiado autoritaria o dominante. | Prueba algo nuevo. Utiliza piedras preciosas amarillas, como el topacio o el ojo de tigre. Coloca la mano sobre tu plexo solar, hazle preguntas sobre tu futuro y escucha con atención sus consejos. Lleva ropa amarilla y medita. |
| Dolor, ira, tristeza, celos, odio, traición. Victimización y límites emocionales poco sanos. Amargura hacia el amor, melancolía, pena. No sientes empatía ni compasión por otras personas. | Utiliza piedras preciosas verdes, como el jade o la esmeralda, o cuarzo rosa. Sonríe a desconocidos, quiérete, dile a tu familia y a tus seres queridos qué te gusta de ellos. Anota todos tus rencores y después quema el papel y entierra las cenizas. Haz una lista de frases positivas que puedes dedicarte. |

| Chakra | Color | Mantra | Equilibrado |
|---|---|---|---|
| *Vishuddha*: quinto chakra. Localizado en la garganta. | Azul | *Ham* | Comunicación, conexión espiritual con nuestros guías y ancestros y con nuestra alma. Este chakra guía nuestra capacidad de decir la verdad al mundo. También conecta el cuerpo físico (relacionado con los cuatro chakras anteriores) con el cuerpo sutil (relacionado con los dos chakras superiores). Este chakra nos permite conectarnos con nuestra verdad superior y con nuestros sueños. |
| *Ajna*: sexto chakra. Ubicado en el tercer ojo. | Violeta | *Om* | Visión interior y conciencia superior; has convertido el «yo» y el «tú» en un concepto único, el «Uno». Intuición, conexión con el Yo Superior y capacidad de «ver» cosas con el tercer ojo. Aquí es donde residen nuestros poderes psíquicos y extrasensoriales. |
| *Sahasrara*: séptimo chakra. Localizado en la parte superior de la cabeza. | Blanco | Ninguno | Conexión con una misma, el Universo y con todos los seres de este planeta. Amor incondicional y consciencia. Has roto los ciclos kármicos y eres capaz de vivir en el presente. Compasión, misericordia y felicidad. Perdón y abnegación. |

| No equilibrado | Cómo equilibrarlo |
|---|---|
| Miedo a no ser aceptada, miedo a dar voz a nuestras opiniones y creencias, miedo a ser juzgada. Incapacidad de comunicarse o decir lo que necesitamos o lo que realmente deseamos. | Cantar, tararear y practicar *pranayama* (técnicas de respiración). Utiliza piedras preciosas azules, como lapislázuli, turquesa y zafiro. Escribe, habla con un profesional, pon voz a tus palabras y exprésalas. |
| No reconocemos nuestra intuición ni confiamos en nuestra voz interior. Crítica y con actitud despectiva. Ignoras los objetivos y metas de nuestro mundo interior. Sufres vahídos, dolores de cabeza, tristeza, desconexión de la realidad y ansiedad. | Meditación, visualización, escuchar a tu intuición. Rituales, magiak, bailar. Utilizar piedras como la amatista, lapislázuli y azurita. Practicar *pranayama*. |
| Tristeza, depresión, falta de empatía, confusión, victimización. No ser capaz de conectar con otros o con el mundo natural. Sensibilidad a la luz y el sonido. No estar del todo presente. | Rezos, meditaciones, silencio. Prácticas espirituales y yoga. Elige el amor y estimula tu ego. Trabaja con amatista y cristales transparentes, como el cuarzo transparente o el cuarzo aura de ángel |

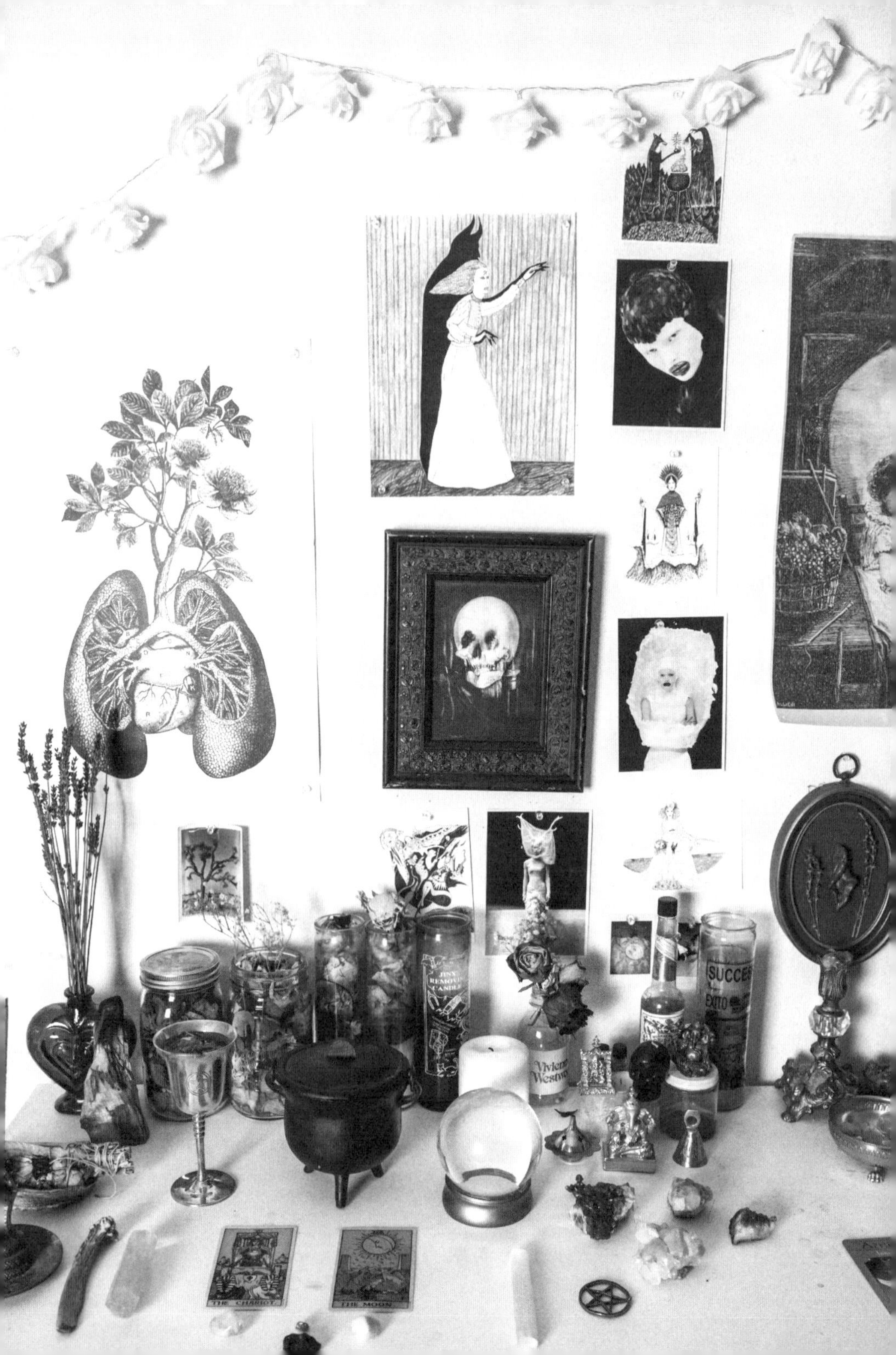
JINX
REMOVIN
CANDLE
SUCCES
EXITO
THE CHARIOT
THE MOON

# Espacio sagrado

Soy de las que opina que, si alguien entra en un espacio dedicado al culto que está cuidado y bonito, es imposible que no sienta absolutamente nada. Al fin y al cabo, todos rezamos por lo mismo, ¿verdad? Me gusta pensar que cada templo e iglesia venera a una divinidad, aunque de manera distinta, y, para ello, crea un espacio sagrado pensado y dedicado a su dios o diosa; estos espacios suelen ser obras arquitectónicas admirables con una decoración exquisita. En general, se conservan y se purifican a menudo. Tanto el hinduismo como el catolicismo, por ejemplo, utilizan el humo de hierbas sagradas e incienso. Algunos buscadores espirituales utilizan agua bendita y agua de Florida para limpiar superficies o abren las ventanas de par en par para que los rayos de sol limpien la energía.

La mayoría de nosotros no vive en una iglesia o templo, pero eso no significa que no podamos crear nuestro propio lugar sagrado donde anclar, honrar y expresar nuestros deseos. Si dedicas tiempo a limpiar tu casa de arriba abajo, ¿por qué no dedicas algo de tiempo a limpiarla a nivel energético? Al igual que ocurre con los chakras, cualquier espacio sagrado necesita conservarse, mantenerse y protegerse.

Nuestros campos energéticos son como una batería: necesitan que los recarguemos. Cuando queremos estar un rato a solas, el poder disponer de un espacio que nos respalde y nos cargue de energía es más que fundamental, es vital. Si eres de las afortunadas que tiene una habitación libre, ¡utilízala! Y conviértela en tu templo.

Construir un espacio sagrado significa crear un ambiente energético que contribuye y protege tu trabajo como bruja. Por ejemplo, para mí, mi habitación es mi lugar sagrado. Utilizo hierbas como la salvia y el palo santo para purificarlo varias veces a la semana (consultar «purificar» en la página 24). Me encanta hacerlo los domingos, después de haber quitado el polvo de todas las superficies con agua de Florida y agua de rosas. Allí es donde preparo la mayoría de los hechizos, pero también donde leo, donde lloro, donde pido deseos, donde alimento mis ilusiones y un montón de cosas más. Tengo flores repartidas por todos lados y tengo mucho cuidado con a quién o qué dejo entrar.

Reencauzar la energía de un espacio, purificarlo con humo y decorarlo con elementos como cristales, hierbas y flores es una manera de empezar a construir un espacio sagrado. Si quieres que en tu espacio reine la armonía, te aconsejo que aprendas algunos conceptos básicos del feng shui; esta filosofía de origen taoísta se basa en la búsqueda del equilibrio y la armonía y consiste en situar los elementos del entorno de forma que estén en sintonía con distintos aspectos de tu vida.

Si quieres, puedes dedicar tu espacio a tus prácticas como bruja, o purificarlo a conciencia. Siempre aconsejo seguir un ritual semanal para mantener ese espacio puro y limpio. A continuación encontrarás varias maneras para hacerlo.

- Espolvorea un poco de sal en las esquinas para absorber el exceso de energía.

- Coloca selenita en el espacio.

- Recarga un trozo de cuarzo y déjalo en la entrada (si no sabes cargar un cristal, consulta la página 238).

- Salpica el espacio con unas gotas de aceites esenciales.

- Crea y dedica un altar (consultar página 60).

- Limpia las superficies con agua de Florida, agua infusionada de cristales (agua en la que sumergimos varios cristales para que así absorba las propiedades de las piedras) o agua de rosas.

- Utiliza un ramillete de canela para «barrer» la energía de tu espacio.

Puedes crear un ritual de limpieza y purificación durante el cual ruegas a tus guías que bendigan tu espacio sagrado. En cualquier caso, muéstrate agradecida por poder gozar de un espacio sagrado e incorpora alguna o todas las propuestas mencionadas a tu rutina.

# Mantener el altar

Recuerda que el altar contiene objetos sagrados, talismanes, cristales, flores y demás elementos que nos ayudan a conectarnos con nuestra intención. En el capítulo 1 ya explicamos cómo crear un altar único y personal, un altar que te represente.

En mi altar yo suelo tener velas, cartas, aceites, cristales, talismanes, iconos y demás objetos, pero además me gusta tener un segundo altar dedicado a mi cuidado personal. Quizá quieras crear un altar cotidiano, un altar cuya decoración va cambiando a medida que pasan las estaciones, y las festividades. O puede que prefieras construir un altar en un momento específico del año que dure un periodo de tiempo determinado (por ejemplo durante los ciclos lunares). O tal vez prefieras crear un altar para rezos y oraciones, otro para celebraciones y otro para manifestar tus intenciones. Y es que, como ya hemos dicho en más de una ocasión, en el mundo de las brujas no existen normas estrictas, ni rápidas. La pieza más importante de este rompecabezas eres tú, tus sensaciones y tus impresiones.

Para una bruja, el altar es fundamental, pues no es solo un lugar de energía y veneración, sino también el lugar donde pondrá en práctica su magiak. Aunque puedes dividir tu espacio sagrado en distintas secciones, una para hechizos y velas y otra para lecturas del tarot, por ejemplo, lo cierto es que yo siempre recomiendo disponer de un altar de trabajo. Estoy convencida de que tener un espacio fijo para practicar tu energía hará que el altar y la magiak sean más poderosos y fuertes, y te ayudará a formar una relación más sólida con tu espacio.

Tal y como vimos en el capítulo 1, crear un altar no es difícil, ¡lo cual es una suerte! Solo necesitas una superficie plana sobre la que poner en práctica tu magiak y encender las velas de forma segura, sin nada cerca que pueda quemarse. Ahora mismo utilizo la mesa del tocador, pero cuando iba a la universidad y compartía habitación, coloqué mi altar sobre una estantería. Y, si te resulta imposible tener un altar permanente, puedes recurrir a una caja (una de madera sería perfecta, pero si no encuentras ninguna puedes usar una de plástico) y guardar allí todos tus artículos mágicos, una tela para el altar y un poco de salvia. Así, cuando quieras hacer un ritual, podrás montar tu altar y, cuando hayas terminado, desmontarlo.

## CÓMO PONER LÍMITES DE PROTECCIÓN ALREDEDOR DE TU ESPACIO SAGRADO

Al poner varios límites de protección alrededor de tu espacio sagrado, creando así un campo áurico protector que puedes utilizar cuando sea necesario, podrás practicar brujería sin correr ningún riesgo, pues habrás construido un lugar seguro.

Realiza este ritual durante la luna nueva o menguante.

**Necesitarás:** un lugar tranquilo; cuatro velas negras y una vela blanca (si el espacio lo permite); un *athame* (o varita); salvia o cobalto; sal marina; y cristales negros como turmalina u ónice (para absorber y alejar la energía negativa, respectivamente). También deberás saber dónde está el norte.

### Paso 1: Anclar

Lo primero que debes hacer antes de empezar un ritual o hechizo es anclar tu energía. Puesto que este ritual en concreto sirve para limpiar, purificar y proteger tu espacio sagrado y tu campo áurico, deberías hacerlo en el mismo espacio que pretendes proteger. Apaga cualquier aparato electrónico y asegúrate de que estás sola y de que nadie va a interrumpirte. Después, ánclate (consultar página 33).

## Paso 2: Purificar

Enciende un poco de palo santo, salvia o cobalto y después paséate por tu espacio. Pídeles a tus guías, maestros y/o al Universo que hagan desaparecer todo lo que no juega a tu favor. Muévete por toda la habitación y, sobre todo, no te olvides de los rincones. Esto sirve para absorber el exceso de energía.

## Paso 3: Crear el círculo

Colócate mirando el norte. Crea el círculo (consultar página 51), muévete en el sentido de las agujas del reloj y pide protección, guía y compasión. Imagina que te envuelve una órbita de protección.

## Paso 4: Invocar a los elementos y pedirles su protección

Debes encender una vela mirando a los distintos puntos cardinales, empezando por el norte. Después, coloca una vela negra entre tus pies y pronuncia la siguiente frase:

> *Este es un lugar sagrado y solo serán bienvenidas las fuerzas y energías que respondan y contribuyan a mi llamada, a mi misión. Con la bendición del [norte] y el elemento de la [Tierra] que me guían y me protegen.*

Dibuja un pentáculo con tu *athame* (empieza por la esquina inferior derecha, sube, después traza una línea hacia la esquina inferior derecha, después a la izquierda, a la derecha y acaba cerrando la estrella en la punta inferior izquierda). Cuando acabes de trazar las líneas, di la siguiente frase:

> *Alejo y destierro cualquier entidad, energía, ser o sensación que no trabaje a mi favor.*

Enciende la vela negra (si no puedes encender velas porque es demasiado arriesgado, coloca una turmalina en cada punto cardinal). Muévete siguiendo las agujas del reloj y repite la frase anterior cuando llegues a cada uno de los cuatro puntos cardinales (este/Aire, sur/Fuego, oeste/Agua) y recuerda dibujar el pentáculo y encender una vela cuando llegues a dichos puntos.

## Paso 5: La órbita espejo de protección

Cuando hayas encendido todas las velas e invocado a los elementos para pedirles protección, colócate de nuevo en el centro del círculo mirando hacia el norte. Dibuja el pentáculo una vez más y después pronuncia la siguiente frase:

> *Este es un espacio de devoción sagrada. Este es un círculo de inmensa y profunda protección. A todos los elementos que he invocado os pido que me protejáis de todo aquello que pueda hacerme daño. Alejo cualquier forma de energía negativa. Destierro cualquier entidad negativa. Que así sea, y siga siendo, por el poder del Universo.*

Dibuja el pentáculo una última vez e imagina que dejas un trazo plateado en forma de estrella; imagina que cobra vida y se transforma en una puerta de hierro, en una puerta de protección y de seguridad.

Siéntate en un lugar cómodo, enciende una vela blanca y colócala delante de ti. Cierra los ojos e inspira hondo varias veces, hasta dejar la mente totalmente en blanco. Cuando sientas que te hayas anclado, imagina que te rodea una órbita plateada. Es como un espejo y se va expandiendo por todo el espacio, reflejando así todo lo que hay en él. Esa es tu órbita de protección; cuando la necesites, estará ahí. Tan solo las entidades y energías que trabajan a tu favor, o que sirven a tu Yo Superior, pueden atravesar los espejos. Recuerda que todo aquel que pretenda hacerte daño sufrirá la misma suerte. Sujétala, siéntela y dale las gracias.

## Paso 6: Liberar

Cuando te sientas preparada, despide a todos los elementos; camina alrededor del círculo en sentido contrario a las agujas del reloj y dales las gracias por su protección. Por ejemplo, puedes decir:

> *(Oeste), elemento del (Agua), te doy las gracias por tu protección y te libero de este ritual. Tienes mi bendición.*

Si no puedes dejar que las velas se apaguen por sí solas, utiliza un abanico para apagarlas.

## Paso 7: Cerrar el círculo

Camina en sentido contrario a las agujas del reloj y cierra el círculo. Di la frase siguiente:

> *El círculo está abierto, que nunca se rompa.*

## Paso 8: Proteger y anclar la energía

Coloca una piedra negra, como el ónice o la turmalina, en la puerta de entrada a tu espacio sagrado. Ancla tu energía; para ello, apoya la frente en el suelo e imagina que tu energía vuelve al centro de la Tierra. Da gracias al Universo por haberte ofrecido su bendita protección. Puedes enterrar la cera de las velas en un cruce de caminos o tirarla en una intersección. Aléjate de ella y, al hacerlo, no mires atrás.

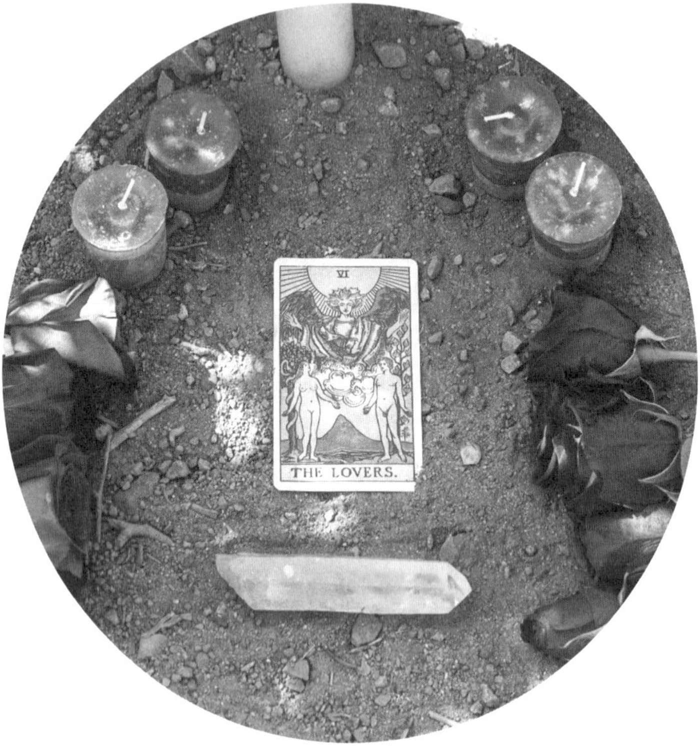
VI
THE LOVERS.

CAPÍTULO 3

# Interpretar las señales: el tarot

¿Estás preparada para interpretar las señales? Pues bien, gracias a la ayuda del tarot, podrás conocerte mejor a ti misma y a los que te rodean. Las cartas te proporcionarán un aprendizaje constructivo y significativo. El tarot es un sistema de adivinación que se originó en el siglo XIII, en Italia. Al principio no era más que un juego de cartas y, aunque sus orígenes aún no están claros, al final el juego de cartas se convirtió en el sistema de adivinación que conocemos hoy en día.

La baraja del tarot contiene 78 cartas y está dividida en dos partes, en los Arcanos Mayores y los Arcanos Menores. El término «arcano» proviene del latín *arcanum*, que significa secreto o misterio. Las veintidós cartas de los Arcanos Mayores representan los grandes cambios y acontecimientos, además de la evolución de la humanidad desde un punto de vista material y físico, pero también desde un punto de vista más espiritual. Estas cartas, entre las que encontramos la Muerte, la Torre y la Luna, por ejemplo, tienen un significado más profundo y más importante que las cartas de los Arcanos Menores, pues representan transformaciones más trascendentales. Los Arcanos Menores representan nuestra vida diaria, situaciones cotidianas a las que nos enfrentamos cada día. Estos Arcanos incluyen los cuatro palos básicos: Bastos, Oros, Espadas y Copas; cada uno de estos palos incluye cuatro figuras: sota, caballo, rey y reina. Las figuras representan personas en concreto o energías arquetípicas.

El tarot no refleja nuestro futuro tal y como nosotros lo entendemos. Al fin y al cabo, las cartas actúan como mapas de nuestro inconsciente y revelan partes de nuestra naturaleza que quizá desconocemos. Son como espejos; absorben nuestra energía y después la reflejan para mostrárnosla.

En lugar de mostrarnos algo definitivo e inamovible, el tarot nos ofrece una forma nueva y distinta de ver una situación.

El tarot es una forma de adivinación, aunque lo cierto es que existen varios sistemas de adivinación, como las cartas del oráculo, cuya interpretación depende del artista y del autor. El tarot tiene una estructura fija, pero las cartas del oráculo no.

# Elegir una baraja

Aunque existe el mito de que la primera baraja debe ser un regalo, muchos somos los que no estamos de acuerdo con esta afirmación. Establecer un vínculo con tu baraja es fundamental; no hay nada de malo en elegir tu propia baraja, pues eres tú quien va a utilizarla y quien debe sentir esa conexión.

Debes encontrar una baraja que llame tu atención, que nada más verla pienses «está diseñada para mí». Puedes buscarla por Internet o en tu tienda metafísica preferida. Elige una con la que te sientas identificada. El tarot más famoso es el Rider Waite, pero lo cierto es que existen muchas variaciones, además de un montón de barajas alternativas muy originales. Estamos viviendo un momento de renacimiento del tarot, por lo que hay barajas para todos los gustos. Rastrea la red hasta encontrar algo con lo que te sientas conectada y empieza a partir de ahí.

# Los Arcanos Mayores

Los Arcanos Mayores representan los momentos cruciales de nuestra vida y reflejan los grandes cambios y las decisiones importantes. Simbolizan los viajes que emprendemos para conocernos a un nivel más profundo, más espiritual. Cuando aparecen estas cartas, presta atención: señalan personas, situaciones y oportunidades que debemos tener en cuenta. Puesto que son una secuencia numerada, las cartas de los Arcanos Mayores representan las distintas etapas del desarrollo espiritual de la humanidad. Eso significa que no solo describen el viaje personal de cada uno, sino que además nos conectan con el alma, el espíritu y el mismísimo Universo.

| Carta | Palabras clave | Significado | Significado invertido |
| --- | --- | --- | --- |
| 0: El Loco | Viaje, oportunidad, aventura, ingenuidad, libertad, experiencia y singularidad. | El inicio de una nueva aventura. Personalidad ingenua e inocente, a la vez que optimista. El inicio de un viaje lleno de fe. | Revaluar, comprobar y asegurar que estás tomando la decisión correcta antes de dar un cambio vital importante. |

| Carta | Palabras clave | Significado | Significado invertido |
| --- | --- | --- | --- |
| 1: El Ilusionista | Manifestación, magiak, creación, acción, poder, equilibrio, talento y alquimia. | El Ilusionista utiliza su creatividad y los cuatro palos del tarot para mostrar y describir tus sueños y deseos. Confía en ti misma y en las herramientas que tienes a tu alcance. | No tener todo lo que necesitas para expresar tus deseos y objetivos. |
| 2: La Papisa | La Femineidad Divina, intuición, poder, consciencia, creación, magiak, sabiduría, conocimientos secretos, consciencia psíquica e interpretación de sueños. | Ser intuitiva y estar conectada con el Universo y su magiak. Conexión con la Femineidad Divina y gozar de su sabiduría. | Desconectar de ti misma y de la fuente (el Universo). Necesidad de observar tu interior para descubrir qué necesitas nutrir y alimentar y para reconectar con tu yo espiritual. |
| 3: La Emperatriz | La Femineidad Divina o Diosa, maternidad, amor y creatividad. | La madre del tarot. Dar vida a algo. Es la expresión de una misma y de la sensualidad. | A veces necesitas más tiempo para expresarte. Necesitas alimentar tu energía. |
| 4: El Emperador | Claridad, estabilidad, acción, poder, éxito y auto-disciplina. | La figura del padre en el tarot, justo y lógico. Puede representar la necesidad de utilizar tu poder, lógica e ingenio. | Abuso excesivo de poder y una dinámica del poder dañina y autoritaria. Falta estructura. |

| Carta | Palabras clave | Significado | Significado invertido |
| --- | --- | --- | --- |
| 5: El Papa | Sabiduría espiritual, un consejero, profesor o gurú y conciencia. | Un momento de comprensión y conocimiento. Es posible que conozcas a alguien, un profesor, por ejemplo, que tenga un impacto en tu camino. | Tal vez estés siguiendo los pasos de alguien demasiado cerca, o con una venda en los ojos. Debes prestar atención a lo que crees y a lo que sabes. |
| 6: Los Amantes | Amor, relaciones, felicidad, sensualidad, sexualidad, abundancia y conexiones emocionales. | Relaciones nuevas, intensas o románticas o amistades. Tu sensualidad y tu sexualidad están en plena explosión y se avecina una época de amor. | Un problema en una relación o un amor que no llega. Dedica algo de tiempo a conocerte y a quererte antes de entregarte plenamente a algo nuevo. |
| 7: El Carro | Movimiento, guía, dirección, acción, confianza y seguridad en uno mismo. | Progreso; eres la fuerza que te guía, confías en tu proceso y vives dejándote guiar por tu corazón y por tu cabeza. | Necesitas encontrar un equilibrio y una estabilidad antes de seguir adelante. Confía en ti misma y en tus habilidades. |
| 8: La Fuerza | Fuerza, pasión, fuego, confianza y compasión. | Tener la fuerza interior necesaria para superar cualquier reto o dificultad. Conexión contigo misma y con tu valor, vitalidad y elegancia. | Necesitas confiar más en ti misma y en la ayuda y apoyo de los demás. |

| Carta | Palabras clave | Significado | Significado invertido |
|---|---|---|---|
| 9: El Ermitaño | Soledad, refugio, aislamiento, conocimiento y sabiduría interior. | Ir de lo material a lo metafísico. Un cambio en los valores y los objetivos después de pasar un tiempo a solas, observándote y conociéndote en profundidad. | Tal vez pasas demasiado tiempo a solas. Necesitas una comunidad y conexión. |
| 10: La Rueda de la Fortuna | Destino, fortuna, karma, ciclos, transición y cambios. | Están surgiendo nuevas oportunidades; se avecina un cambio. El karma siempre está presente y la Rueda de la Fortuna nunca deja de girar. | Tal vez se avecinan turbulencias y negatividad en tu futuro, pero no es algo permanente. No te resistas al cambio; deja que ocurra. |
| 11: La Justicia | Justicia, equilibrio, recompensas, karma, imparcialidad, verdad y ley. | El karma nunca baja la guardia, y esta carta nos recuerda que a todos nos llegará el castigo merecido en un momento u otro. | La necesidad de aceptar la responsabilidad de tus acciones y de reconocer tus errores. |
| 12: El Colgado | Un cambio de perspectiva, soltar y sacrificar. | Necesitas cambiar tu perspectiva. Tal vez necesites sacrificar o despojarte de algo para alcanzar un objetivo mayor. | Tal vez tu perspectiva es un lastre para ti. Si notas que estás aferrada a una situación, intenta liberarte de ella. |

| Carta | Palabras clave | Significado | Significado invertido |
|---|---|---|---|
| 13: La Muerte | Finales, transformación, nuevos comienzos, cambio y evolución. | Transformación en el sentido más potente de la palabra; se cierra una puerta y se abre otra. No significa muerte en sentido literal, sino ciclo de vida, muerte y renacimiento. | Tal vez te estés resistiendo a terminar un ciclo natural, pese a que en tu foro interno sabes que ya ha llegado a su fin. |
| 14: La Templanza | Equilibrio, paciencia, sanación, dejarse llevar. | El equilibrio es la clave. Dedica algo de tiempo a recuperar el equilibrio de tu bienestar, sobre todo antes de tomar una decisión. | Quizá ha llegado el momento de recalibrar ciertas cosas. Tal vez necesites recuperar el equilibrio de ciertas situaciones. |
| 15: El Diablo | Obsesión, oscuridad, vicios, inmovilismo, negatividad y limitaciones. | De vez en cuando, es importante darse algún capricho, pero esta carta nos recuerda que no abusemos de esos pequeños placeres. Incapacidad de moderarte. | Estás recuperando el control y has aprendido la importancia del equilibrio y, en ocasiones, anteponer tus deseos y pensar en ti misma. |
| 16: La Torre | Caos, disrupción, cambios inesperados, derrocamiento y nuevos comienzos. | Crea una base fuerte y sólida andes de empezar a construir. Todo se está desmoronando para después ser reconstruido. | Las cosas no te van tan mal como parece. Lo peor ya ha pasado y estás a punto de salir de esta situación. |

| Carta | Palabras clave | Significado | Significado invertido |
|---|---|---|---|
| 17: La Estrella | Esperanza, optimismo, bienestar, serenidad, sueños, manifestación, guía divina y éxito. | Tus sueños y deseos se hacen realidad. Estás en un camino muy gratificante: sigue guiándote por lo que dicta el corazón, la intuición y los sueños. | No te quedes atascado en un ciclo de negatividad. Recuerda que puedes conseguir todo lo que te propongas. Sigue persiguiendo tus sueños. |
| 18: La Luna | Subconsciente, intuición, sueños, sombras y decepción. | Una conexión con la intuición y la Femineidad Divina. | Tal vez seas capaz de ver la verdad de una situación que antes desconocías. |
| 19: El Sol | Éxito, alegría, felicidad, resplandor, energía y entusiasmo. | Un buen presagio. Ahora puedes recoger los frutos de tu trabajo. Éxito, resplandor y entusiasmo. | Quizá no estés alcanzando el éxito que te mereces. Necesitas disipar las nubes para poder ver el sol. |
| 20: El Juicio | Juicio, transformación, final, despertar y cambios. | Vas a recibir un castigo merecido. Un momento crítico para meditar sobre los patrones que se repiten en tu vida y que debes resolver. | Tal vez no hayas prestado atención a tu buen juicio y has dejado escapar una oportunidad. Escucha a tu intuición y aprende de ella. |
| 21: El Mundo | Compleción, éxito, terminar un ciclo y renacimiento. | Esta carta significa que has completado un ciclo vital muy importante. El karma está de tu lado y te acompañará en la siguiente fase. | Ha llegado el momento de terminar ciertas cosas para así poder pasar a una nueva fase de abundancia y renacimiento. |

# Los Arcanos Menores

Si bien las cartas de los Arcanos Mayores representan una importante transformación y el desarrollo del espíritu humano, los Arcanos Menores reflejan las situaciones a las que nos enfrentamos a diario. Son situaciones más mundanas, casi siempre relacionadas con nuestra vida cotidiana, con las personas que nos rodean y con problemas que pueden surgir cada dos por tres.

Las cartas de los Arcanos Menores también constan de cuatro palos, como cualquier otra baraja de cartas. Estos palos son Bastos (también conocidos como Varitas), Copas (también conocidas como Cálices), Espadas (también conocidas como Dagas) y Oros (también conocidos como Discos o Pentáculos). Cada palo está compuesto de diez cartas y cuatro figuras; empieza por el as y va subiendo hasta el diez. Cada carta del as al diez representa un viaje. Narran la historia de un nuevo comienzo, de un paso hacia delante, de la pérdida de esperanza y, al fin, de la llegada al Otro Lado. Cuando estás empezando en el arte del tarot, o cuando hayas comprado una baraja nueva, merece la pena extender las cajas según el palo y en orden numérico; así podrás ver la progresión y comprender la historia que pretenden explicarte.

Las figuras en la baraja Rider Waite clásica son la Sota, el Caballo, el Rey y la Reina. Algunas barajas sustituyen la Sota y el Caballo por un Príncipe y una Princesa, mientras que otras incluyen a la Hija, al Hijo, a la Madre y al Padre. La Sota posee una energía que podría compararse con la del Loco: ligeramente ingenua, emocionada y dispuesta a empezar algo nuevo. El Caballo representa movimiento: cabalga y, por lo tanto, ya ha iniciado el camino hacia el cambio. La Reina y el Rey representan sus arquetipos respectivos, tanto a nivel energético y/o físico. La Reina tal vez sea la más compasiva e intuitiva de los dos, mientras que el Rey suele guiarse por su lógica.

Las figuras encarnan la energía del palo que representan. De este modo, podemos comprender el tarot de una forma más profunda, pues relacionamos las figuras con los arquetipos que representan de la vida real. Pero, además, también pueden representar personas o energías concretas. Cuando destapamos estas cartas, debemos estar alerta, pues pueden estar avisándonos de una energía que nos perjudica o de una persona que no nos conviene. Si al destaparlas aparecen del revés, puede significar que hay algo que nos frena y nos impide ver y disfrutar de las características que están asociadas con ellas. Si al tirar las cartas, una sale invertida, puede significar que su energía también está invertida de alguna manera.

## Bastos

Los Bastos están gobernados por el elemento del Fuego. Representan nuestra inspiración, creatividad y conexión con el Universo. Los Bastos son los mensajeros de nuestro Yo Superior y nos susurran al oído nuevas ideas. Pero además también son los instrumentos con los que expresamos nuestros deseos y, por lo tanto, simbolizan nuestras aventuras creativas, nuestra inspiración, nuestras pasiones y nuestros sueños. Son el palo del espíritu y de la mente. Cuando sacamos una carta de Bastos, suele indicar que hay algo que aún no hemos manifestado o expresado en el reino físico, aunque tal vez ya hayamos plantado la semilla.

| Carta | Palabras clave | Significado | Significado invertido |
|---|---|---|---|
| As | Inspiración, nuevos comienzos, expansión, conexión y creación. | Una chispa, un nuevo comienzo y la semilla de un nuevo proyecto o idea. | Tienes un bloqueo creativo y necesitas dar un paso hacia atrás y recuperarte antes de empezar algo nuevo. |
| Dos | Contemplación, determinación, fuerza de voluntad, sabiduría y seguir el propio camino. | Una colaboración creativa o poner en práctica el as en el mundo real. | Debes encontrar el equilibrio y tomarte un descanso antes de pasar a otra cosa. |
| Tres | Independencia, inspiración, iluminación y ampliación de horizontes. | Un homenaje a tu propio poder y éxito. Contemplar, organizar y planear antes de actuar. | Dependes demasiado de la opinión de los demás antes de tomar una decisión y necesitas confiar en ti misma. |
| Cuatro | Manifestación, celebración, alegría, armonía, consciencia y visión interior. | Tómate un tiempo para celebrar tus logros con tus seres queridos y reconoce su ayuda en tu éxito. | Necesitas tener un punto de vista distinto hacia una situación; utiliza tus talentos personales. |
| Cinco | Desorientación, competencia, retrasos, discusiones, confusión y falta de dirección. | Drama innecesario y enfadarse y pelearse sin motivo aparente. | Te sientes atrapada en un drama que no te pertenece o eres demasiado pasiva con tus necesidades. |
| Seis | Buenas noticias, buena suerte, victoria y crecimiento. | Las cosas están mejorando y vas a resurgir de tus cenizas; vas a dejar el drama atrás. | Tus planes han sufrido un contratiempo; todo pasará, pero necesitas ser paciente. |

| Carta | Palabras clave | Significado | Significado invertido |
|---|---|---|---|
| Siete | Independencia, éxito al alcance de la mano, valor y fuerza interior. | No entres en discusiones absurdas; tienes ventaja respecto a la otra persona, por lo que confiar en tu verdad es fundamental. | Te estás aferrando a situaciones que crean tensión y no te aportan nada en absoluto. |
| Ocho | Aventura, cambio, éxito, movimiento y noticias. | Céntrate en la tarea que tienes entre manos y dedícale el tiempo necesario para terminarla a tiempo. | Si no eres capaz de mantener el control, es probable que pierdas una oportunidad. |
| Nueve | Estabilidad, vigor, se acerca el final de un viaje, coraje, confianza y perseverancia. | Estás a punto de acabar tu viaje: date algún capricho y no te subestimes. | Estás abrumada y agotada. Hay algo que te impide terminar la tarea que tienes entre manos. |
| Diez | Te sientes abrumada, confundida, atrapada. Oscuridad, sobreestimulación, bloqueo y dificultades. | Quien mucho abarca, poco aprieta, y eso es lo que te ha pasado a ti. Resuelve situaciones antes de que se vuelvan insoportables. | Evitas la responsabilidad o aceptas una responsabilidad que no te corresponde. |
| Sota de Bastos | Intuición, valor, optimismo, aventura y adivinación. | Eres una persona aventurera y extrovertida. Una carta de nuevos comienzos, nuevas oportunidades y logros espirituales. | Esperas demasiado tiempo a que algo ocurra: decidir qué día ocurre está en tus manos, y en las de nadie más. |

| Carta | Palabras clave | Significado | Significado invertido |
|---|---|---|---|
| Caballo de Bastos | Valentía, seguridad, encanto personal y aventura. | Eres una persona con instinto. Sabes cómo equilibrar las situaciones y te dejas guiar por tu intuición. | Frena un poco y céntrate en el presente antes de tomar una decisión drástica. |
| Reina de Bastos | Espiritualidad, intuición, dinamismo, generosidad y fuerza de voluntad. | Eres muy valiente, devota y entregada, con un corazón radiante y un intelecto muy entusiasta. Recuerda que debes seguir tu inspiración y tus pasiones. | A veces pides y exiges demasiado. Puedes tener sensaciones tales como ira, violencia y resentimiento. |
| Rey de Bastos | Liderazgo, carisma, creatividad, capacidad e influencia. | Alguien que se deja guiar por su cabeza y por su corazón. Acude a tu creatividad como fuente de arte y curación. | Eres una persona que nunca piensa en los demás y no te das cuenta cuándo te pasas de la línea. Comportamiento impulsivo. |

# Copas

Las copas están gobernadas por el elemento del Agua y representan el plano emocional, es decir, nuestros sentimientos, nuestro subconsciente y nuestra intuición. Todos los asuntos del corazón están plasmados en este palo, que es el más evocador y sensible de los cuatro; para decirlo de algún modo, es el útero energético del tarot. Las copas simbolizan nuestras relaciones más cercanas e íntimas con los demás, como el amor y la amistad.

| Carta | Palabras clave | Significado | Significado invertido |
|---|---|---|---|
| As | Nuevos comienzos, un nuevo amor, una nueva amistad y sentidos psíquicos ensalzados. | El comienzo de una aventura más profunda, como una relación romántica o una amistad íntima y fiel. | Te sientes agotada a nivel emocional, triste y desconectada. Necesitas mimarte, cuidarte y quererte. |
| Dos | Romance, amor, amistad, celebración, alegría y felicidad. | Amor romántico, amor por ti misma y una búsqueda de las distintas formas del amor. | Posible desamor; necesitas recuperarte, mimarte y quererte. |
| Tres | Amistad, comunidad, celebración, alegría, baile y abundancia. | Celebra con tus amigos las alegrías de la vida y da las gracias por lo que tienes. | Te sientes desconectada de tus seres queridos o de tu comunidad. Necesitas curarte junto a tu familia y tu comunidad. |

| Carta | Palabras clave | Significado | Significado invertido |
| --- | --- | --- | --- |
| Cinco | Tristeza, melancolía, pérdida, dolor, miedo y autocompasión. | El dolor, el desamor, el sufrimiento o la angustia te impiden ver la realidad. | Por fin ves con claridad y estás dejando atrás el dolor y el desamor. |
| Seis | Hijos, familia, recuerdos de infancia, conexión y conexiones kármicas. | Conexión con los recuerdos de la infancia y los recuerdos de tu «hogar». | Los problemas del pasado vuelven a aflorar; no son más que una invitación a curar los traumas pasados. |
| Siete | Ilusión, fantasía, deseos, decepción y tentación. | Evitas tus sentimientos verdaderos a través del escapismo y la fantasía. | Ya has cogido el toro por los cuernos y empiezas a ver la luz al final del túnel. |
| Ocho | Abandono, superación, sacrificio y sufrimiento. | A pesar del dolor, el desamor y el trauma, sales adelante porque ves que no hay otra salida. | Huyes de la realidad porque no quieres afrontarla. Deja de escapar. |
| Nueve | Plenitud, deseos, bondad, abundancia y satisfacción. | Es una de las cartas más inspiradoras de la baraja, pues significa que tus deseos se harán realidad y representa la abundancia. | No te sientes plena o hay alguna cosa que te falta. |
| Diez | Prosperidad, abundancia, plenitud, crecimiento espiritual, armonía y amistad. | Un momento de amor y abundancia. Estás en armonía con tus necesidades espirituales y emocionales. | Te sientes incómoda o insatisfecha; no te sientes plena a nivel emocional. |

| Carta | Palabras clave | Significado | Significado invertido |
|---|---|---|---|
| Sota de Copas | Romanticismo, intuición, comprensión, libertad, emoción y juventud. | Eres una persona intuitiva y romántica y aceptas las nuevas aventuras con la mente y el corazón abiertos. Vives en el amor. | Tal vez sientes que las emociones son demasiado arrolladoras. Dolor de cabeza y el dolor de un nuevo amor. |
| Caballo de copas | Mente y corazón abiertos, romanticismo y arte; buenas noticias. | Eres una persona artística que se guía por lo que dicta su corazón. Escuchas y te expresas con tu intuición. | Tu intuición y tu corazón están cerrados a cal y canto; te cuesta confiar en los demás. |
| Reina de Copas | Espíritu, sanación, introspección, cariño, dedicación y contemplación. | Es la más intuitiva de las Reinas; intuye cuándo las cosas van a pasar. Veneras tus emociones. | Eres claramente emocional y empática y, sin darte cuenta, absorbes las energías de los demás. Necesitas reavivar tu energía creativa. |
| Rey de Copas | Lealtad, amor, devoción, protección y ferocidad. | Es el más intuitivo de los Reyes, un monarca leal y justo que se guía por su cabeza y por su corazón. Es un momento de intensa conexión psíquica y manifestación. | Necesitas calmar la mente o las sombras acabarán apoderándose de ti. Debes curar traumas del pasado y confiar en tus emociones e intuición. |

# Espadas

El palo de Espadas está gobernado por el elemento del Aire. Las espadas representan nuestros pensamientos, nuestra capacidad de decisión, nuestro intelecto y las acciones que tomamos para expresar y manifestar esas decisiones. Pero también simbolizan la dinámica del poder, el valor y el conflicto. Nos recuerdan que la acción puede ser constructiva o destructiva, y nos dicen en qué punto se cruzan el poder y el intelecto. Es el palo más poderoso y más peligroso de toda la baraja, ya que encarna el inmenso poder del pensamiento.

| Carta | Palabras clave | Significado | Significado invertido |
|---|---|---|---|
| As | Claridad mental, verdad, toma de decisiones, nitidez y fuerza bruta. | Conocimiento, momentos en que gritarías «¡ajá!»; nueva iluminación y percepción en forma de idea nueva. | Falta de claridad y dirección. |
| Dos | Indecisión, falta de dirección, punto muerto y visión borrosa. | Es la carta de la indecisión. Para avanzar necesitas tomar esa decisión que estás evitando. | Estás confundida porque la decisión que debes tomar te abruma; te sientes entre la espada y la pared. |
| Tres | Desamor, tristeza, dolor, ataduras emocionales dañinas y traición. | Es la carta del desamor; te advierte de enredos románticos que acabarán en dolor. | El fin de un desamor; debes curar los traumas pasados para seguir adelante. |

| Carta | Palabras clave | Significado | Significado invertido |
|---|---|---|---|
| Cuatro | Quietud, calma, claridad mental, poder, descanso y relajación. | Céntrate en tener la mente despejada antes de conseguir las metas que te has propuesto. | El estancamiento lleva a la frustración, y necesitas enfrentarte a esos problemas que estás evitando. |
| Cinco | Conflicto, traición, autodestrucción, pérdida. | Falta de dirección; te menosprecias y sufres de forma innecesaria. | Estás dispuesta a poner punto y final a un conflicto. La guerra ha terminado y necesitas cambiar de perspectiva. |
| Seis | Esperanza y luz al final del túnel, progreso; rito de iniciación. | Estás progresando después de haber andado un camino arduo y largo hacia un resultado positivo; deja las situaciones difíciles atrás. | Estás resistiéndote a este rito de iniciación y de transición. Déjate llevar. |
| Siete | Decepción, traición por la espalda e irse de rositas. | Evitas enfrentarte a una situación y huyes de ella. | No te queda más opción que librarte de todo aquello que no te sirve para nada. |
| Ocho | Sensación de estar atrapado, de estar ciego y maniatado, límites autoimpuestos. | Tus propios pensamientos te atrapan y eres tú quien se impone límites para después victimizarse de una situación. | Deja de jugar el papel de la víctima; toma una decisión y reclama tu futuro. |
| Nueve | Oscuridad, angustia, tristeza, depresión y pesadillas. | Sientes ansiedad y angustia mental después de haber purgado sentimientos desagradables para así poder sanarte. | Estás a punto de superar el dolor de una ruptura amorosa y por fin ves la luz al final del túnel. |

| Carta | Palabras clave | Significado | Significado invertido |
|---|---|---|---|
| Diez | Dolor, agonía y angustia; puñalada por la espalda y derrota. | Un final difícil y doloroso; has tocado fondo, así que ahora puedes empezar de cero y avanzar. | Te enfrentas a un dolor del pasado; debes sanar ese dolor para poder avanzar. |
| Sota de Espadas | Contemplación, reflexión, perspicacia y honestidad. | Eres una observadora nata y te das cuenta de todo, tanto de lo lógico como de lo profundo. | Observa qué está ocurriendo a tu alrededor y utiliza la lógica para trazar un plan. |
| Caballo de Espadas | Decisión, ambición, capacidad, energía y tendencia a la acción. | Es el momento perfecto para iniciar una nueva idea o aventura. Eres una persona inocente e impulsiva. | Necesitas trazar un plan; tal vez lo único que necesites es aprender la lección por ti misma. |
| Reina de Espadas | Reflexión, lealtad, decisión, inteligencia, perspicacia. | Eres una persona leal, ingeniosa, muy perceptiva y muy inteligente. Además, eres asertiva y compasiva. | Escucha a tu cerebro tanto como escuchas a tu corazón e intenta ser más comprensiva y compasiva en situaciones que otros gestionan de forma distinta a ti. |
| Rey de Espadas | Autoridad, asertividad, análisis, lealtad, disciplina y lógica. | No te dejas llevar por las distracciones emocionales, eres muy comunicativa y eres capaz de comprender a personas de alto nivel intelectual. | Eres una persona que puedes engañar o utilizar el poder de una forma engañosa. Necesitas ser más clara y directa con tus intenciones. |

# Oros

Los Oros, o estrellas de cinco puntas, están gobernados por el elemento de la Tierra. Este palo representa todos los elementos físicos de este reino; nuestras casas, dinero, carreras profesionales y posesiones. Si cuando estamos leyendo las cartas destapamos una de este palo, debemos tener en cuenta que nos describirá cómo nos relacionamos con el mundo material. Nos dirá si somos demasiado generosos o demasiado codiciosos, demasiado posesivos o demasiado desprendidos. Este palo nos recuerda nuestras necesidades físicas básicas.

| Carta | Palabras clave | Significado | Significado invertido |
|---|---|---|---|
| As | Comienzos nuevos y prósperos, triunfo y beneficios financieros. | Nuevos comienzos en el reino físico; podría ser un trabajo, un proyecto o inspiración para algo nuevo. | Estás abrumada/agotada porque asumes demasiado trabajo; no es el momento para iniciar algo nuevo. |
| Dos | Cambios inevitables, conexión, recibir noticias, encontrar la estabilidad y el equilibrio. | Te recuerda la inevitabilidad del cambio, la importancia de los límites. | Necesitas equilibrio y, para conseguirlo, debe ocurrir un intercambio energético. |
| Tres | Trabajo en equipo, dedicación, artesanía, enfoque, habilidades específicas, comunidad. | Trabajas en algo monumental, pero dependes de la comunidad para lograrlo. | Eres demasiado independiente y no cuentas con las habilidades específicas o la ética laboral suficiente para completar una tarea. |

| Carta | Palabras clave | Significado | Significado invertido |
|---|---|---|---|
| Cuatro | Posesión, propiedad, control y oposición inesperada. | Eres demasiado rígida y estás aferrada al reino físico como fuente de felicidad. Además, no eres generosa. | Debes redefinir el éxito y la riqueza; renuncia al control de las posesiones; estás sufriendo un retraso en los logros materiales. |
| Cinco | Preocupación, pérdida, escasez, falta de dirección y/o seguridad y pobreza. | Vas por un camino que no concuerda con tus necesidades; acepta la pérdida para así poder empezar a avanzar. | Estás a punto de llegar al final de un periodo de tiempo y pobreza; saldrás de este momento tan oscuro. |
| Seis | Prosperidad, crecimiento, plenitud, recompensa por un gran trabajo y compartir. | Los frutos de tu trabajo empiezan a surgir y por fin puedes empezar a recogerlos. | Celos; tienes una mentalidad para la escasez y no compartes los regalos que se te hacen. |
| Siete | Contemplación, quietud, evaluación y tomar una perspectiva a largo plazo. | Un periodo de contemplación y de trabajo para así encontrar la estabilidad. | Inviertes demasiado tiempo y energía en algo que no te aporta nada; no aceptas la responsabilidad de tus necesidades. |
| Ocho | Talento, trabajo, artesanía, dedicación a los trabajos manuales, aprendizaje. | Dedicación y compromiso con una tarea artesanal o manual. | Necesitas perfeccionar tu talento específico y aprender. |
| Nueve | Estabilidad a largo plazo; salud y felicidad; un hogar cómodo y estable. | Una carta de lujo a largo plazo que demuestra que el trabajo, esfuerzo y dedicación siempre tienen su recompensa. | Una pérdida o un obstáculo que podría haberse evitado. |

| Carta | Palabras clave | Significado | Significado invertido |
|---|---|---|---|
| Diez | Abundancia, plenitud, riqueza, refugio, permanencia y éxito duradero. | Una promesa de éxito, logro, orgullo y estabilidad, el resultado de un gran esfuerzo y trabajo. | Pérdida financiera y ausencia de recursos y estabilidad. Estás insegura sobre el futuro. |
| Sota de Oros | Amabilidad, responsabilidad, apoyo incondicional, sueños y visiones. | Eres una persona con los pies en la tierra e introvertida. Frena un poco antes de tomar una decisión. | Prioriza las acciones para así perseguir tus sueños y alcanzar tus objetivos. |
| Caballo de Oros | Dedicación, calma, terquedad y lealtad. | Eres una persona muy leal y dedicada, motivada y ambiciosa. Tienes la capacidad de terminar todo lo que empiezas. | Te sientes estancada, que no avanzas; necesitas aventura y riesgo en tu vida. |
| Reina de Oros | Generosidad, cariño, entrega y dedicación; una sanadora. | Eres una persona maternal, que alimenta a los demás y posees las cualidades de una sanadora. Tu presencia es importante, pues es sabia y amorosa al mismo tiempo. | Necesitas anclar tus energías y alimentar tu interior. |
| Rey de Oros | Firmeza, con los pies en la tierra, lealtad y familiaridad. | Eres una persona con los pies en la tierra pero también apasionada. Sueles tener éxito en tu carrera profesional. Eres ambiciosa y das consejos sinceros y honestos. | Esta carta puede representar una personalidad posesiva y autoritaria. Necesitas tranquilidad, algo que la naturaleza te puede aportar. |

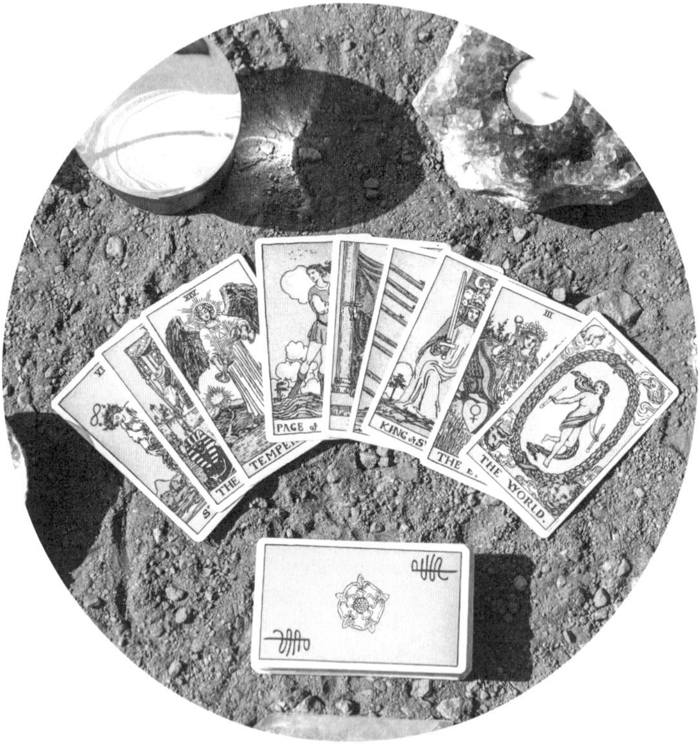
PAGE of
THE WORLD.

# Leer las cartas

El tarot no se rige por unas normas fijas, estrictas y cerradas, por lo que no existe una manera «correcta» de leer sus cartas. Sí, es importante conocer los arquetipos y los símbolos que aparecen en las cartas y qué representan, pero las interpretaciones pueden ser múltiples y pueden expresarse de forma distinta en cada lectura. Todo dependerá de la pregunta que se haga y de quién la haga. Recuerda que, como todo en este arte, todo es cuestión de práctica. Al principio puede que te asuste un poco leer las cartas, pero debes confiar en tu intuición. Te prometo que la intuición tiene un papel fundamental en la lectura del tarot. También es importante crear tu propio ritual cuando quieras leerlo; este ritual lo irás diseñando y desarrollando con el paso del tiempo. Sin embargo, a continuación encontrarás una serie de pasos sencillos que te servirán para empezar:

## PASO 1: PURIFICAR LAS CARTAS

¡Purificar las cartas de vez en cuando es básico! Las cartas del tarot absorben la energía de las personas que tienen cerca, y de ahí la importancia de que las purifiques siempre que puedas. Yo prefiero utilizar salvia y palo santo para limpiar mis cartas, pero si lo prefieres puedes utilizar un trozo de selenita o un cristal autopurificante, y dejarlo sobre tu baraja. También puedes pasar un poco de artemisa sobre las cartas para abrir tu canal psíquico. Para ello, imagina que sobre tu cabeza se abre una puerta y deja que tu equipo cósmico te transmita sus mensajes a través de ese canal.

## PASO 2: HACER UNA PREGUNTA

Antes de una lectura, el consultante (la persona a quien le lees las cartas) debe formular una pregunta. Si quieres echarte las cartas a ti misma, también deberás pensar en una pregunta. Piensa en algo bastante amplio, como «¿qué me depara el futuro en mi vida amorosa?» o «¿qué necesito saber sobre esta oferta de trabajo?». También puedes centrarte en un tema específico, como el amor o el dinero. A veces querrás hacer preguntas que se responden con un «sí» o un «no»; puedes hacerlas, pero recuerda que las cartas no siempre son tan claras y precisas. Después de formular tu pregunta, tendrás que elegir una tirada que examine esa pregunta.

## PASO 3: ELEGIR UNA TIRADA

Las tiradas son fundamentales, pues te proporcionan información sobre la baraja. Cuando hablamos de tiradas nos referimos a la disposición física de las cartas, a una secuencia en concreto. Además de responder a la pregunta que se ha planteado, cada una de las cartas que aparece en la tirada nos dará información sobre un tema o problema en concreto; eso dependerá del lugar que ocupe. (A mí me encanta ver qué carta se ha quedado en la parte inferior de la baraja, pues representa el mensaje subyacente de la lectura y casi siempre añade un punto de vista distinto e inesperado.) Echa un vistazo a las tiradas de las páginas 136, 137 y 138, y elige el método que crees que mejor se adapta a la pregunta formulada.

## PASO 4: RESPIRAR Y MEZCLAR LAS CARTAS CON INTENCIÓN

Tómate un segundo para respirar y anclar tu energía. Conéctate a la Tierra y pídele que te guíe. Después respira hondo y mezcla las cartas; si vas a leérselas a otra persona, pídele que las mezcle. Puedes barajarlas como quieras, como si fuese una baraja normal, o con cartas a ambos lados. Mientras las mezclas, céntrate en la pregunta y, cuando te sientas preparada, corta la baraja: divídela en dos montones y coloca el segundo montón encima del primero.

## PASO 5: DESTAPAR LAS CARTAS

Empieza a destapar las cartas y a colocarlas según la tirada que hayas elegido. Consulta las posibles interpretaciones de cada una, explicadas en el capítulo anterior, y presta atención a lo que te dice tu intuición, tu corazón, tus entrañas. Recuerda que también debes tener en cuenta todos los símbolos que puedan aparecer. Puedes recurrir a la guía que viene junto con la baraja. Observa y descubre la relación entre la pregunta, la tirada y la interpretación de cada carta. Confía en tus sensaciones. Si necesitas aclarar alguna cosa, puedes destapar otra carta. Y en el caso de que te veas un poco atascada en la lectura, no te derrumbes; busca más información sobre la carta y sigue adelante. Cuando hayas acabado de interpretar cada una de las cartas, intenta adivinar el significado conjunto de la tirada.

## PASO 6: TOMAR NOTA

Debes apuntarte todas las cartas que has destapado y la tirada elegida. A mí me gusta tener un diario del tarot para anotar todas mis lecturas, las sensaciones que he tenido durante la tirada y las distintas interpretaciones que han surgido.

## PASO 7: ANCLAR Y CENTRAR

Después de una lectura, asegúrate de anclar tu energía; transmítela a la Tierra a través de la base de tu columna vertebral. Al principio te has imaginado que, sobre tu cabeza, se abría una puerta; pues bien, ahora imagina que se cierra. Da las gracias a tu equipo cósmico por la perspectiva y ayuda que te ha ofrecido. Recoge las cartas y guárdalas en un lugar seguro hasta la próxima lectura.

# Tiradas del tarot

Leer el tarot puede ser algo muy sencillo, como destapar una carta al día, o algo mucho más elaborado. A continuación encontrarás varias tiradas para empezar las lecturas.

## UNA CARTA AL DÍA, LA LLAVE DE LA ALEGRÍA

Una forma fácil y sencilla de aprender a leer las cartas es destapando una carta al día. Te aconsejo que sea lo primero que hagas por la mañana, pues así podrás ver cómo se manifiesta la energía de esa carta a lo largo del día. Puedes hacer una fotografía de la carta y ponerla como fondo de pantalla, o llevarla siempre contigo. A mí me gusta destapar una o dos cartas cada mañana para después, el domingo por la noche, revisar todas las cartas de la semana y ver cómo me ha ido. Es una forma de familiarizarte con las cartas y con sus interpretaciones y de aprender el tarot de una forma más concreta.

## LA TIRADA DE LAS TRES CARTAS

Una forma muy fácil de trabajar las cartas es destapar tres. La tirada más habitual es pasado/presente/futuro, es decir, la primera carta que destapas representa el pasado, la segunda el presente y la tercera el futuro; todas responden a la pregunta que se ha planteado. Esta tirada también puede adaptarse y utilizarse de forma que las cartas representen mente/cuerpo/espíritu o respondan a distintas cuestiones. Puedes recurrir a la tirada de las tres cartas cuando quieras profundizar un poco más en la pregunta formulada.

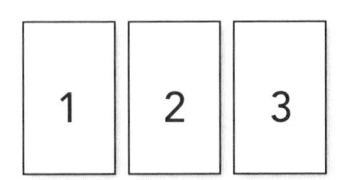

## LA CRUZ CELTA

La disposición más clásica es la Cruz Celta, que consta de diez cartas. Esta tirada examina en qué lugar te encuentras en relación a tu pregunta, pero también te muestra tus influencias externas o internas y el posible resultado de la situación. Es una tirada muy precisa, rigurosa y exhaustiva. Todos los lectores de tarot desarrollan su variación de esta tirada, así que prueba y juega con cada carta hasta que des con tu disposición perfecta. Es una tirada muy tradicional y el lugar de cada carta tiene un significado muy concreto:

1. Tú.

2. Lo que te está frenando o bloqueándote.

3. La causa inconsciente.

4. El pasado reciente.

5. El resultado si algo cambiase.

6. El futuro inmediato.

7. Tu poder.

8. Energías e influencias externas.

9. Miedos y esperanzas.

10. El resultado final.

## LA TIRADA DE LOS ELEMENTOS

Esta tirada utiliza las energías de los elementos para así ofrecerte perspectiva y guía. Puedes invocar a los elementos antes de destapar las cartas y leerlas. La posición de cada carta tiene un significado concreto:

1. Tú.

2. Tierra: aquello que te mantiene con los pies en el suelo.

3. Aire: aquello que te guía.

4. Fuego: aquello que te nutre.

5. Agua: aquello que te mantiene.

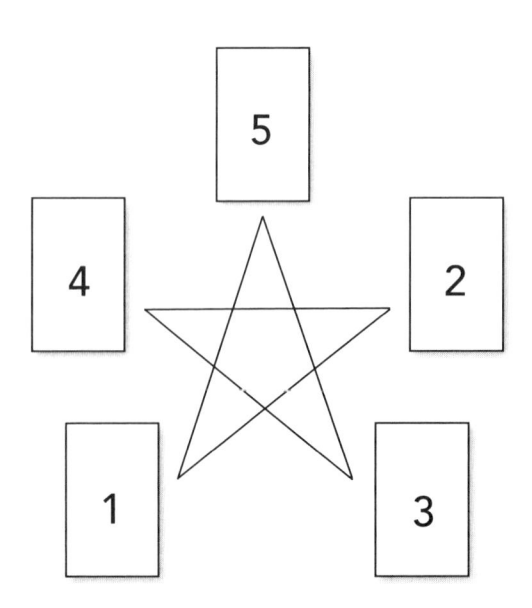

## UN HECHIZO DEL TAROT PARA SANAR HERIDAS KÁRMICAS

Este hechizo es mucho más efectivo si se hace en luna llena o menguante. Utiliza las cartas del tarot y la magiak para centrar tu energía y sanar heridas kármicas; estas son heridas de vidas pasadas que aún no han cicatrizado. Al curarlas, podremos disfrutar de una vida más libre.

Si, por ejemplo, has sentido una fuerte conexión con alguien y no estás segura de por qué, o si sientes que conoces a alguien de toda la vida a pesar de que os acaban de presentar, es posible que se trate de una conexión kármica. Si en tu vida pasada no curaste las heridas de tu relación con esa persona, es posible que esas heridas sigan abiertas en tu alma y en tu corazón. Y, del mismo modo, si hay algo que te aterra sin motivo aparente o te sientes muy triste y apenada por algo que nunca te ha ocurrido, tal vez sea porque tienes heridas kármicas. El hechizo que encontrarás a continuación te ayudará a aliviar ese dolor y a purificar el alma. Cicatrizará tus heridas y te sentirás mucho más ligera, menos anclada al pasado y menos ahogada con la persona o elemento que te provoca esas sensaciones tan intensas y arrolladoras.

**Cartas del tarot:** elige dos cartas del tarot, una que represente aquello de lo que quieres despojarte y otra que represente lo que quieres atraer. El Diablo, los Amantes, la Torre, el Tres de Espadas y la Muerte pueden ser una buena elección, pero puedes elegir las que más prefieras. Escoge cartas que te recuerden a lo que quieres sanar: si afecta al amor, por ejemplo, te aconsejo que utilices el Tres de Espadas y los Amantes; si quieres deshacerte de un mal hábito, puedes elegir el Diablo y el Diez de Oros.

**También necesitarás:** salvia, palo santo y otra hierba para purificar las cartas; un encendedor; una vela negra y un cirio blanco; un lápiz o una aguja para escribir sobre la vela; ruda y romero para proteger y lavanda para sanar; una ducha ritual; tu grimorio para anotar todo lo que quieras. Opcional: amatista para sanar, turmalina para proteger, cuarzo rosa para amar.

- Purifica el espacio con las hierbas que hayas elegido.

- Crea un altar y coloca las velas y las cartas del tarot elegidas. Puedes decorar el altar con hierbas, tu grimorio, cualquier cristal que tengas a mano y un encendedor o una cerilla.

- Date una ducha ritual; para ello, desvístete poco a poco y a conciencia y centra toda tu atención en la respiración. Cuando entres en la ducha, mantén el ritmo de la respiración. Imagina el agua como una cascada que cae sobre ti; esa cascada te curará y sanará con cada una de sus gotas. También puedes imaginarte que estás debajo de una fuente de luz sanadora que te está purificando. Disfruta del momento y, cuando hayas acabado, sal de la ducha.

- Ponte algo cómodo que te haga sentir poderosa y dirígete al altar.

- Crea un círculo de protección alrededor de tu espacio y pídeles a tus guías, maestros o deidades su sanación y compasión.

- Medita con las cartas del tarot. Contempla las cartas que has elegido y obsérvalas con ternura. El ritmo de tu respiración debe ser constante y sereno, pues debes encontrar paz en él. Dedica unos instantes a las cartas: ¿qué significan para ti? ¿Cómo representan lo que quieres curar o sanar?

- Utiliza la aguja o el lápiz para escribir sobre la vela negra todo aquello de lo que quieres deshacerte. Puede ser una frase, como «apego emocional», «adicción» u «odio». Mientras anotas esas palabras, imagina que toda la energía se traslada a la vela.

- Haz lo mismo sobre la vela blanca y escribe aquello que esperas obtener. Puede ser una palabra, como «sanación» o «amor». Mientras lo escribes en la cera, intenta imaginar la sensación de alivio y felicidad que te ofrece aquello que estás curando o sanando.

- Coloca la ruda y el romero alrededor de las velas, para gozar de su protección, y la lavanda, para obtener su curación.

- Enciende las velas e invoca su sanación y compasión. Imagina que todo el dolor se funde junto con la vela negra. E imagina que la vela blanca cura las heridas de vidas pasadas. Suaviza la mirada y disfruta del momento. También puedes contemplar las cartas del tarot y visualizar todo lo que representan y simbolizan.

- Escribe tu experiencia y tus sensaciones en tu grimorio.

- Si es posible, deja que las velas se apaguen por sí solas. En caso contrario, utiliza un abanico o un apagavelas.

- Cierra el círculo y ancla tu energía; para ello, apoya la frente en la Tierra.

- Deja la cera de las velas en un cruce de calles o en una intersección.

Durante los siguientes días, presta especial atención a tus sueños y a toda la información psíquica que puedes inferir de ellos. Te recomiendo que anotes tus sueños y percepciones en tu grimorio o diario del tarot. Escucha a tu intuición y descubre qué pretende decirte. ¡Déjate guiar por ella! También puedes consultar el simbolismo de lo que has visto en sueños en un diccionario de sueños.

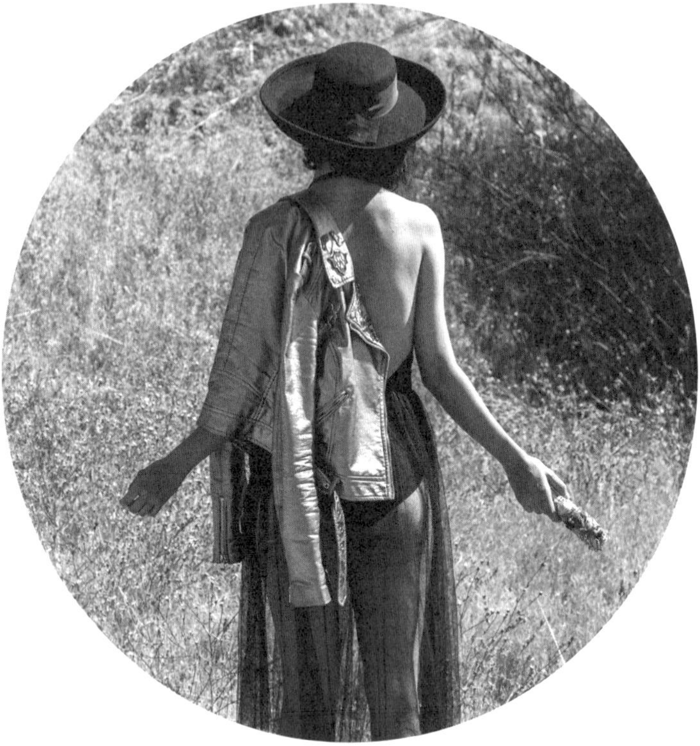

CAPÍTULO 4

# El velo de la elegancia: moda mágika

Cuando quieres sentirte poderosa, mágika o como una bruja que sabe muy bien lo que quiere… ¿qué te pones? Tal vez utilices esa camisa *vintage* que tu madre te regaló hace años. O quizá te decantes por tu camiseta preferida, negra, cómoda y holgada. O puede que prefieras ponerte algo de cuero, o algo que te haga sentir imparable.

No se puede negar que la ropa tiene un poder especial, un poder mágiko, y no me refiero al estilo o a la marca o al diseñador en cuestión. Llevamos ropa a diario, igual que hizo la mayoría de nuestros ancestros. Y si bien es cierto que muchos de ellos no llevaban mucha ropa, la poca que llevaban se consideraba sagrada.

Al igual que la magiak, la moda ha tenido que evolucionar con el paso del tiempo. Aunque no sigamos las últimas tendencias, o no prestemos atención a nuestro estilo o no estemos al día de lo que ocurre en la industria de la moda, la verdad es que no podemos escapar de ella. Nuestros amigos, las redes sociales, Internet… todo está inundado de moda. La magiak es muy parecida. Si no evoluciona con el tiempo y las personas, deja de ser relevante, necesaria e impactante. Nuestra magiak va más allá de hechizos y rituales; está presente en nuestro estilo de vida, en las relaciones que mantenemos con quienes nos rodean. Cada día, por la mañana, nos vestimos con ropa, así que, ¿no sería lógico combinar ambas cosas?

# Moda mágika

La moda mágika es el punto de encuentro del estilo, la belleza y la elegancia. Seguir la moda mágika implica ser consciente de la ropa que te pones y utilizar tu magiak para infusionar las prendas que guardas en tu armario con energía. No significa que debas ponerte de punta en blanco a diario. Tan solo significa que debes considerar la ropa como una oportunidad de empapar tu vida con magiak y de conectar con tus ancestros.

## Glamur, mucho más que glamur

A pesar de que estamos acostumbrados a utilizar la palabra «glamuroso» para describir a alguien que va vestido de punta en blanco o que suele lucir un estilo impecable, lo cierto es que el origen histórico del término se remonta a la magiak y a la brujería. Un «glamur» es un velo que tapa y cubre lo que se esconde debajo, casi siempre la versión real de alguna cosa. Se dice que las hadas utilizan ese glamur cuando se muestran ante nosotros con un disfraz, y no como sí mismas.

Y, a decir verdad, el glamur tal y como lo conocemos no es tan distinto del glamur de la magiak. Cuando me maquillo las cejas, o cuando me dibujo la línea del ojo tan afilada que podría matar a un hombre, estoy echando un hechizo de glamur. Cuando realzo mis labios con un carmín rojo y brillante, estoy echando un hechizo de glamur. Cuando me preocupo por cómo me ven los demás, y cuando decido cómo quiero que me vean, estoy echando un hechizo de glamur. Cuando me pongo mi vestido negro preferido con mi bolso de Vivienne Westwood y mis tacones favoritos, estoy echando un hechizo de glamur; es un hechizo que grita a los cuatro vientos: «Soy poderosa, tengo las riendas de la situación y te lo advierto, no juegues conmigo». Cada vez que te pones una prenda que te hace sentir segura de ti misma y poderosa, estás echando un hechizo de glamur. El estilo depende de cada una. Hay quien se siente poderosa con ropa sexi, o sin maquillaje, o vestida con unos tejanos y unas zapatillas. Lo importante no es la ropa en sí, sino la sensación que tienes cuando te la pones.

# La moda como armadura espiritual

Las mujeres no podemos bajar la guardia, pues nuestra vida se basa en una batalla constante. Por alguna razón que aún no logro entender, los hombres se creen con el derecho de decirnos qué opinan de nosotras, de piropearnos con «cumplidos» que se supone deben halagarnos. Incluso hay quien nos prohíbe llevar ropa que pueda resultar demasiado transparente o insinuante.

Utilizar la moda como armadura espiritual significa elegir la ropa que te gusta, que te representa, sin tener en cuenta lo que puedan pensar los demás. Significa llevar tu collar de tachuelas y pinchos ese día en que no te apetece hablar con nadie. O llevar un vestido de seda azul y un lápiz de ojos plateado cuando quieres comunicarte con la Luna y el océano. Significa dibujar símbolos protectores en las etiquetas de la ropa para viajar a lugares lejanos con total seguridad.

La magiak se basa en sensaciones, y la moda también. Todo el mundo conoce la sensación de ponerse esa prenda que le favorece y le hace sentir especial. Si combinamos esto con una dosis de magiak, podremos

TU ESTILO ES UNA ESPECIE DE ARMADURA ESPIRITUAL QUE PUEDES LLEVARTE DONDE QUIERAS, CUANDO QUIERAS.

llenar nuestra vida cotidiana con más poder. Tu estilo es una especie de armadura espiritual que puedes llevarte donde quieras, cuando quieras.

# Tu chakra de moda

Para mí la moda es una forma de magiak y, para ser sincera, me gusta pensar que también tenemos un chakra de la moda, aunque en ciertos aspectos este chakra se parece más a tu aura, pues es como una segunda piel. Cuando empieces a contemplar la moda como una forma de expresión consciente de tu magiak interior, enseguida percibirás pistas sutiles sobre qué ponerte en cada momento. De repente, un día querrás llevar prendas de color naranja y pintalabios rojo. O tal vez te despiertes con ganas de mostrar confianza con una chaqueta de cuero. Déjate llevar y explora tu estilo para que así pueda evolucionar y cambiar cíclicamente, igual que tú. Esto te servirá para convertirte en una persona más segura de sí misma, más resuelta y más fuerte.

No puedes alimentar tu chakra de moda con dinero o grandes marcas. Para nutrirlo debes elegir las prendas con intención y quererlas; puedes encontrar la prenda perfecta en una tienda de segunda mano. O puede que alguien te la regale por tu cumpleaños. Conoce tu chakra de moda y, para ello, experimenta con tu estilo. Prueba colores distintos, patrones distintos. Echa un vistazo a estilos más *vintage*, haz sitio en tu armario y vete de compras. Experimenta y anota todos tus descubrimientos en un diario para así poderlo consultar en un futuro.

# Una rutina matinal mágika

Cada día tenemos la oportunidad de mejorar, de evolucionar, de vivir una vida más plena y consciente. Pese que a veces nos cueste una barbaridad levantarnos de la cama y encontrar la motivación o el tiempo necesario para arreglarnos antes de ir a clase o al trabajo, si conviertes tu rutina matinal en un ritual, te resultará mucho más fácil. Cada despertar, cada nuevo día, es como una ofrenda a ti misma y al Universo. Si llenas tu día de magiak, entonces el Universo no tendrá más opción que responder a tu llamada.

## Inspiración cósmica diaria

Dos de mis métodos preferidos para llenar mi día a día con magiak son ver en qué signo astrológico está la Luna e inspirarme en la carta del tarot que destapo cada mañana para elegir mi atuendo y maquillaje. También me gusta combinar los colores de mi ropa o maquillaje con los cristales y flores que decoran el altar para conseguir una dosis extra de energía de la Tierra. Si necesitas un poco de ayuda o si te cuesta inspirarte, intenta fijarte en qué signo está el Sol y presta especial atención a cómo te sientes cada mañana.

## LA LUNA

La Luna gobierna y controla nuestro cuerpo emocional, nuestro inconsciente y la Femineidad Divina que todas llevamos dentro. Navega por los océanos de nuestras almas y susurra secretos a nuestro corazón. Si descubres en qué signo astrológico está la Luna (consultar capítulos 6 y 7), podrás trazar un plano cósmico de las energías de ese día y así conseguir una dosis extra de inspiración para el estilo que quieres crear, basándote en lo que sientes. Yo utilizo la aplicación TimePassages para estar al día de los signos de la Luna, pero hay muchísimas aplicaciones y recursos *online* que pueden facilitarte esa información.

Por ejemplo, mientras escribo este capítulo, la Luna está en el signo de Cáncer, cuyo símbolo es un cangrejo. Los cáncer son emocionales y muy sensibles. Además, tengo el síndrome premenstrual, así que estoy más sensible de lo normal. Para combatir este exceso emocional, he decidido maquillarme los ojos con sombra plateada para comunicarme con la Luna y ponerme mi vestido negro de manga larga favorito. También llevo un colgante en forma de estrella de cinco puntas alrededor del cuello, para protegerme de toda emoción ajena. Cuando la Luna está en un signo de agua, siempre me decanto por el rosa, pues es un color dulce y tierno.

## TAROT

Una de mis formas preferidas de conectar con el tarot es utilizarlo como fuente de inspiración de moda y belleza. Cada mañana, después de despertarme, dedico unos minutos a respirar y a conectarme con mis guías mientras mezclo las cartas. Destapo una carta, la coloco sobre el altar y la utilizo como inspiración para mi maquillaje y mi atuendo del día.

No existe una manera incorrecta de conectar con las cartas, así que interpreta la carta que hayas destapado con la mayor creatividad posible y céntrate en su energía o en los detalles del dibujo. Al plasmar las energías de las cartas del tarot en la ropa que llevas, crearás una relación fuerte y duradera con ella.

## CRISTALES

También puedes buscar inspiración para tu maquillaje y ropa en los cristales (consultar capítulo 7). Puedes elegir un vestido de seda rosa y utilizar un iluminador que deslumbre y un pintalabios rosáceo para comunicarte con el amor del cuarzo rosa, o puedes decantarte por un conjunto negro en honor a la turmalina, un cristal protector. Sea como sea, la Madre Tierra puede convertirse en tu musa. También puedes llevar la piedra cuyas propiedades quieras aprovechar o, mejor todavía, varias para que su energía sea más eficaz.

# Código de color

Además de buscar inspiración de moda en el tarot, la Luna y el mundo natural, también puedes encontrarla en los colores de la ropa y el maquillaje que quieras llevar.

| Lleva este color o tono… | Para sentirte… |
| --- | --- |
| Rojo | Apasionada, salvaje, capaz, conectada con el elemento del Fuego y el primer chakra, peligrosa, sexi y sensual. |
| Rosa | Amada, enamorada, compasiva, conectada con tu corazón, feliz, viva y segura de ti misma. |
| Naranja | Apasionada, creativa, conectada con tu segundo chakra y el elemento del Fuego. |
| Amarillo | Rica, adinerada, enamorada, creativa, visionaria, brillante, feliz, conectada con el tercer chakra y el Sol. |

# El maquillaje como ritual

Si bien la moda es una forma de expresión, la belleza es un ritual. Para mí, el cuidado de la piel y el maquillaje son primordiales. Es lo primero que hago por la mañana. Me lavo la cara y me cepillo los dientes. En general, siempre sé dónde están la Luna y el Sol y ya he empezado a percibir y sentir la energía del día. El maquillaje es la primera pieza del rompecabezas de mi glamur. ¿Qué me apetece? ¿Comunicarme con el Universo con el corazón abierto, o ir al trabajo con una actitud segura y salvaje? ¿Quiero llevar algo dorado, para atraer la abundancia, o algo rojo, para sentirme sensual y peligrosa? Hay días que no podemos dedicar tanto tiempo a nuestro aspecto, ¡y no pasa nada! No nos regimos por unas normas fijas y estrictas. Además, somos cíclicas, ¿recuerdas?

| Lleva este color o tono… | Para sentirte… |
|---|---|
| Verde | Creativa, conectada con el chakra del corazón y con la Tierra, inspirada, tranquila, satisfecha, enamorada y compasiva. |
| Azul | Serena, conectada con el chakra de la garganta y el elemento del Agua, capaz, tranquila, como una diosa, vibrante, natural y espontánea. |
| Púrpura | Real, divina, psíquica, conectada con el tercer ojo, culta, informada, digna de atención, memorable, como una reina, mística y cautivadora. |
| Negro | Transformadora, poderosa, segura de ti misma, sexi, misteriosa, mística y sensual. |
| Blanco | Serena, pura, enamorada, conectada con tu Yo Superior, positiva y calmada. |
| Neutros | Flexible, segura de ti misma, cómoda, conectada con la Tierra, tranquila, capaz y centrada. |
| Metálicos/holográficos | Etérea, mística, divina, como una alienígena, conectada con los cristales, conectada con el Universo y con la Luna. |

Si eres de las que sueles maquillarte, intenta honrar y venerar el proceso y conviértelo en un ritual. Pon un poco de música, quema incienso, échate unas gotitas de perfume y ponte manos a la obra. También puedes crear un altar de belleza en el cuarto de baño, o sobre tu tocador, para así canalizar tu energía. Te aconsejo que lo decores con cristales, con fotografías de tus iconos de estilo, de antiguas estrellas de cine o de tu familia; no hay una forma incorrecta de hacerlo.

Lo primero que debes hacer al empezar tu ritual de maquillaje es hacerte la siguiente pregunta: «¿Cómo me siento hoy?».

- Un ojo de gato, con un lápiz de ojos bien marcado, es perfecto para esos días en que quieres que te dejen en paz y no te molesten.

- Un ojo plateado es la forma idónea para venerar la Luna.

- Una sombra verde oscura puede ayudarte a comunicarte con la Madre Naturaleza de una forma orgánica.

- Un toque de colorete en las mejillas te ayudará a atraer el amor y el sexo; el rubor imita el color que nos invade cuando tenemos un orgasmo.

Si te apetece añadir una pizca de creatividad, echa un vistazo a los colores que aparecen en la tabla anterior. Otra opción es fijarte en el tipo de maquillaje que suelen utilizar las mujeres de tu familia, ya sea de sangre o política. ¿Te apetece lucir la confianza de tu madre? ¿Por qué no utilizar su barra de labios roja? ¿O prefieres la espontaneidad de tu tía? Entonces róbale su lápiz de ojos verde.

Y si lo que quieres es que tu rutina de maquillaje sea mucho más consciente e intencional, prueba con entonar algunos mantras mientras estás frente al espejo. Puedes inventarte tus propios mantras (lo cual te animo a hacer, pues es TU camino), aunque también puedes utilizar uno de los que te propongo a continuación.

Una vez hayas terminado de maquillarte, siéntate y trata de visualizar todo lo que anhelas conseguir ese día. Mantén esa imagen en tu tercer ojo y después imagina que se transforma en una burbuja que flota hacia el Universo.

| Mientras haces esto… | Di esto… |
| --- | --- |
| Rostro | Que afronte el día con _____ (amor, un corazón abierto, coraje, presencia, tranquilidad, pasión, energía, alegría, felicidad, respeto, etc.). |
| Cejas | Que enmarque el día con _____ (verdad, amor, sinceridad, compasión, etc.). |
| Ojos | Que pueda seguir el camino de la verdad y saber qué es real. Que pueda ver _____ (lo bueno de una situación, amor, alegría, etc.). |
| Lápiz de ojos | Nadie puede jugar o meterse conmigo; estoy centrada y estoy preparada. |
| Labios | Que estos labios digan siempre la verdad y solo articulen compasión, amor y hechizos de sanación. |
| Mejillas | Y que con estas mejillas pueda sonreír con sinceridad, pues el Universo se preocupa por mí y me cuida. |

# Estilo espiritual

Una de las características más asombrosas y maravillosas de la moda es que siempre hay algo esperándote, algo nuevo en lo que inspirarte. Puede ser la silueta de una palmera con el cielo azul de fondo, o un desfile espectacular, o una obra de arte etérea, o un animal… lo único que debes hacer es tener tu tercer ojo bien abierto y esperar a que el Universo te guíe.

Puedes transformar esta inspiración en una práctica espiritual si creas tu estilo espiritual propio, un estilo que exprese quién quieres ser a nivel físico, emocional, espiritual y mental. Y, al elegir un arquetipo de estilo, es decir, un guía de moda espiritual, contarás con la inestimable ayuda del cosmos cada vez que elijas una prenda o un estilo.

## Los arquetipos de estilo

¿Te gustaría encontrar una musa de estilo? ¿Alguien a quien poder invocar o recurrir cada vez que entres en una sala y necesites sentirte segura de ti misma? Si eliges un arquetipo en particular y te dejas guiar por él, no solo podrás inspirarte en las personas que lo representan, sino también en la energía que desprenden. Da igual si pretendes despertar la reina que llevas dentro o tu sexualidad más sagrada: tu arquetipo de estilo es como un guía de estilo espiritual con quien comunicarte cada vez que necesites un extra de glamur.

Dedica un tiempo a rastrear en la red y ojea todo tipo de revistas hasta encontrar a alguien que te llame la atención. Fíjate si la persona en cuestión aparece en más de una ocasión; tal vez sea una estrategia para captar tu atención. Entra en Pinterest, visita un museo, echa un vistazo a libros antiguos… intenta ser creativa.

## LA REINA: VIVIENNE WESTWOOD

Vivienne Westwood es una diseñadora británica que aportó su granito de arena al movimiento punk. Después de romper con su compañero sentimental y creativo Malcolm McLaren en 1970, Vivienne decidió fundar su propia marca de moda. Conocida por sus corsés y siluetas curvilíneas, por su estilo desenfadado y extravagante y su infinidad de referencias a la historia del arte, el estilo de Vivienne es excéntrico a la vez que decidido, con unas notas subyacentes de rebeldía, una evocación a sus días de punk. Hoy en día, Vivienne, que fue nombrada dama por la mismísima reina Isabel II, sigue creando desfiles con un mensaje político, como la necesidad de usar energía sostenible.

Para Vivienne, la moda es una forma de entablar conversaciones y de provocar una verdadera renovación. Incluso ahora, que está a punto de cumplir ochenta años, con su melena de color rojo y su espíritu salvaje, Vivienne no deja de sorprendernos. Si necesitas recordar de vez en cuando que la edad no significa nada, o que no hay nada de malo en elegir ropa alocada y divertida para esas ocasiones en que quieres ser el centro de todas la miradas, entonces elige a nuestra reina, Viv.

**Para canalizar la energía y el estilo de Vivienne necesitas:** cuadros escoceses, imperdibles, tutús, botas Dr. Martins, tinte de pelo, tu estilo personal y utiliza la moda como forma de activismo.

## LA MADRE: BEYONCÉ

¿Hay algo que Beyoncé no pueda hacer? Sí, se ha ganado el título de Reina (de hecho, al principio quería clasificarla como tal), pero también es la Emperadora, y la Madre. Es apasionada, es sincera, es sexual y no tiene remordimientos de conciencia. A muchas de nosotras nos enseñan que, en cuanto somos madres (en caso de que lo seamos), debemos despedirnos de nuestra sexualidad y centrarnos en nuestros instintos maternales. *Queen B* nos demuestra día a día que no es necesario: puedes tener ambas cosas, pues una no anula la otra. Con ese estilo que deja a cualquiera boquiabierto, su forma de bailar, tan sensual y provocadora, y su insumisión frente a cualquier injusticia, Beyoncé es, sin lugar a dudas, la Madre. No solo es protectora con su familia, sino que también se protege a sí misma, y a sus necesidades, por no mencionar a sus seguidores y sus necesidades. Es una activista declarada, tiene un estilo increíble y es una madre maravillosa; así pues, ¿quién no querría parecerse a ella?

**Para canalizar la energía y el estilo de Beyoncé necesitas:** estampados que contrasten entre ellos y colores fuertes; acepta tu femineidad, sea cual sea tu edad, y muéstrala con ropa sensual y provocativa.

## EL MONUMENTO: DITA VON TEESE

Si hay alguien que sabe utilizar el glamur y la sexualidad descarada y desvergonzada con una elegancia envidiable, esa es Dita Von Teese. La *stripper* convertida en artista *burlesque* es conocida por sus modelitos, con cientos de cristales de Swarovski incrustados, y también por su cintura de avispa. Dita se ha ganado un lugar entre las *celebrities* del papel cuché gracias a sus impresionantes espectáculos de *burlesque*, funciones que son teatrales, sensuales y tan hollywoodienses. En términos literales, Dita cobra por quitarse la ropa, y no se avergüenza de ello. A punto de cumplir los cincuenta, sigue estando en la cresta de la ola y utiliza la danza, el teatro, la moda y su inconfundible maquillaje para invocar su glamur. Dita es sensual y seductora, y lo sabe. Si quieres canalizar su fuerza y seguridad interior, ponte un conjunto de ropa interior bonito y tu música favorita y haz un *striptease*. Puedes hacértelo a ti misma o a quien tú creas que se merezca verte.

**Para canalizar la energía y el estilo de Dita necesitas:** encaje, corsés, ropa interior *vintage*, sedas, ropa de estilo *pin-up* y tu peinado y maquillaje favoritos.

## LA ARTISTA: PATTI SMITH

Patti Smith es la encarnación de lo que significa ser una Artista. De adolescente, en los años setenta, se mudó a Nueva York y allí trabajó en los lugares más estrafalarios. Al final, logró hacerse un hueco en el mundo de la música, justo después de que su álbum debut, *Horses*, se lanzara al mercado. Patti es poetisa y música, pero también es escritora y una artista que vivió en el icónico hotel Chelsea. Patti es famosa por su estilo relajado y despreocupado. Es una musa y el arquetipo de la Artista porque no solo crea arte, sino que lo representa. Da igual la ropa que lleve, Patti siempre desprende esa sensación de libertad, una libertad que muchas seguimos buscando hoy en día.

**Para canalizar la energía y el estilo de Patti necesitas:** una prenda de ropa muy especial, como una camiseta en concreto para cuando quieras pintar; escribe cartas de amor sobre tu ropa; escucha los discos de Patti Smith; despéinate un poco, lleva camisetas blancas y su básico de armario, una chaqueta de cuero.

## LAS BRUJAS: STEVIE NICKS Y ERYKAH BADU

Estas dos mujeres representan la energía de la bruja; son valientes, intrépidas, mágikas, glamurosas y cautivadoras. Todas las mujeres de esta sección tienen su propia magiak, pero Stevie y Erykah tienen su forma específica de plasmar su esencia en su arte y eso las convierte en incomparables. Stevie nunca ha escondido su amor y aprecio por las brujas, aunque nunca se ha declarado públicamente como tal. Erykah, en cambio, ha aceptado el título con los brazos abiertos. Estas dos mujeres son mucho más que músicas, pues utilizan su magiak para crear un personaje que simboliza lo místico. Han sabido utilizar la moda y su estilo propio para crear una esencia divina que va más allá de un personaje. Viven su magiak y eso se percibe en cómo visten, en cómo cantan y en el arte que crean. Estas mujeres nos recuerdan que a veces lo único que necesitamos es un *outfit* cautivador y un halo de misterio.

**Para canalizar la energía y el estilo de Stevie y Erykah necesitas:** llevar vestidos holgados con estampados de flores, caftanes, pañuelos en la cabeza, panderetas como accesorios y prendas amplias y fluidas.

## LA AMANTE: MORTICIA ADDAMS

¿Quién puede encarnar la esencia de la amante mejor que Morticia Addams?

Aunque también puede ser madre y esposa, Morticia disfruta del placer. No esconde sus deseos y, además, los expresa sin remilgos. ¿Morticia quiere que Gomez, su marido, le tenga miedo y la vea como si fuese un demonio? ¿Le gusta jugar en las mazmorras? ¡Por supuesto! Y no le asusta decirlo. Morticia es muy consciente de su poder; con tan solo articular unas palabras en francés ya tiene a Gomez a sus pies; pierde la cabeza, le besa el brazo y se enamora aún más de ella. Estos dos personajes bien podrían ser los protagonistas de la carta del tarot de los Amantes, pues muestran el yin y el yang de una relación y dejan bien claro que el amor debe venir de ambas partes. Morticia nos recuerda el poder que tiene un vestido negro y lo importante que es desarrollar tu propio estilo. También nos recuerda que es fundamental vivir con un corazón abierto, y una mente abierta. Invócala siempre que quieras personificar la energía de la Amante o desarrollar un estilo único y personal.

**Para canalizar la energía y el estilo de Morticia:** ponte un vestido negro, échate unas gotas de perfume de rosas y píntate los labios de rojo pasión. En resumen, ponte aquello que te haga sentir sensual y segura de ti misma.

## LA DIOSA: VENUS

Si algún día te apetece convertirte en la criatura mística y sobrenatural que eres, piensa en Venus. Esta diosa nació de entre la espuma del mar y, desde entonces, la cuidan como a una princesa, la veneran y la adoran. Venus es la belleza personificada; nos recuerda la importancia del placer y de la sensualidad, que son energía pura. Nos pide que nos desprendamos de nuestros cuerpos y los honremos porque gracias a ellos existimos. También nos invita a convertir nuestras vidas en un ritual y a venerar la Diosa que llevamos dentro y que se refleja en el Universo. Venus es cariñosa y amorosa. Sus curvas son de infarto y su rostro es hermoso. Nos recuerda que no debemos avergonzarnos por amar nuestro cuerpo y por vestirnos con las ofrendas de la Tierra. Venus es la belleza hecha mujer y, por lo tanto, puede ser una musa maravillosa para aquellos que pretendan expresar su sensualidad y belleza en su día a día. Colócate en la orilla del océano e invoca a Venus para que te bendiga. Abre tu corazón un poquito día a día para canalizar el arquetipo de esta diosa.

**Para canalizar la energía y el estilo de Venus:** lleva motivos marineros, como conchas, los colores del mar en el atardecer, tul, jaspe del océano, barra de labios y colorete rosa.

# Añade accesorios a tu look

## Talismanes

Tal y como mencioné en la introducción, otra forma de llevar tu magiak a cualquier sitio es a través de talismanes. Son una opción perfecta si tienes alguna joya con un valor sentimental para ti y que nunca te quitas. En el caso de que no tengas algo así, no te preocupes porque puedes crear tu propio talismán. Un talismán es un amuleto protector que llevas contigo allá donde vas. Es un punto de energía y además una barrera protectora contra cualquier tipo de negatividad.

Piensa en lo que más necesitas en tu día a día. Tal vez necesites ser más expresiva y asertiva, o más tranquila y serena. Sea cual sea el caso, debes encontrar un talismán que cumpla y satisfaga tu intención. Si vas a combinar un collar con un cristal o una estrella de cinco puntas, o un colgante con algún otro motivo espiritual, entonces esa energía se incorporará al talismán. Puedes bendecir esa joya igual que bendices tu ropa (consultar página 165). Para cargar tu talismán de energía, consulta las instrucciones en la página 223; elige la intención y después viértela en tu accesorio.

# Honrar a tus ancestros

La historia de nuestros ancestros está grabada en nuestros huesos. Estamos aquí gracias a los que vinieron antes. Nacimos de las entrañas de hombres y mujeres que nos permitieron estar donde estamos hoy. Una forma realmente bonita de dar las gracias a nuestros ancestros es utilizar sus reliquias y talismanes. A mí me encantan las joyas porque podemos ponérnoslas a diario y porque suelen pasar de generación a generación; sin embargo, esta clase de talismán puede ser cualquier cosa que puedas llevar contigo, como un bolso *vintage*, un monedero de algún país lejano, un broche o una chaqueta. ¿Heredaste un anillo de tu abuela y te lo pones siempre que quieres recordar su fortaleza y su valor? ¿Y qué me dices del bolso *vintage* de tu madre o del reloj de bolsillo de tu bisabuelo? Aunque esa reliquia o talismán no te la haya regalado un miembro de tu familia directa, estas piezas pueden ofrecerte apoyo y guía. Nos recuerdan que llevamos el espíritu de nuestros antepasados allá donde vayamos, y que todo lo que debemos hacer es invocarlos, o llevar esas piezas, siempre que los necesitemos.

Puedes cargar tus accesorios de energía, como si fuesen un talismán o una prenda de ropa, y añadirlos a tu altar. Te aconsejo que lo hagas sobre todo durante la fiesta de Samhain, pues es una buena forma de canalizar la energía y el espíritu de tus seres queridos. Sin embargo, puedes crear un altar para venerar a tus ancestros cuando quieras. Coloca todos los objetos que te conecten con tus ancestros en tu altar y, al hacerlo, piensa en qué le gustaba a la persona a quien le pertenecía cada objeto. Si tenían una flor, un licor, una hierba, un aroma o un color preferido, puedes decorar tu altar conforme a eso.

# Mi historia

Mi aventura con la brujería, sobre todo en lo relacionado con la moda, es muy personal. La moda y la magiak corren por mis venas. De hecho, no estaría ahora aquí, escribiendo este libro, de no haber sido por la relación de mi familia con la ropa y los tejidos.

Mi abuela paterna, Rose Weis, sobrevivió durante tres años en campos de concentración gracias a su trabajo como costurera. Por cosa del destino, se llamaba igual que la sobrina de la encargada de las costureras en Auschwitz y, puesto que había aprendido el oficio en su país natal, pudo quedarse en el cuartel de costureras del campo de concentración, cosiendo y remendando los uniformes de los nazis y de sus familias. Sobrevivió y, por si fuera poco, le consiguió trabajo a su hermana, Edith. Escribió sus memorias en un diario y leyéndolo me enteré de que su padre y su tío regentaban una tienda de pieles.

Después de la guerra, Rose conoció a mi abuelo, Harry. Él se encargó de enseñarle a cargar los cañones antimisiles para el Haganah, la organización paramilitar judía que posteriormente se convirtió en las Fuerzas de Defensa de Israel. Por lo visto, las primeras palabras que le dedicó a mi abuelo fueron las siguientes: «Perdona que te lo diga, soldado, pero se te sale el pajarito por la bragueta».

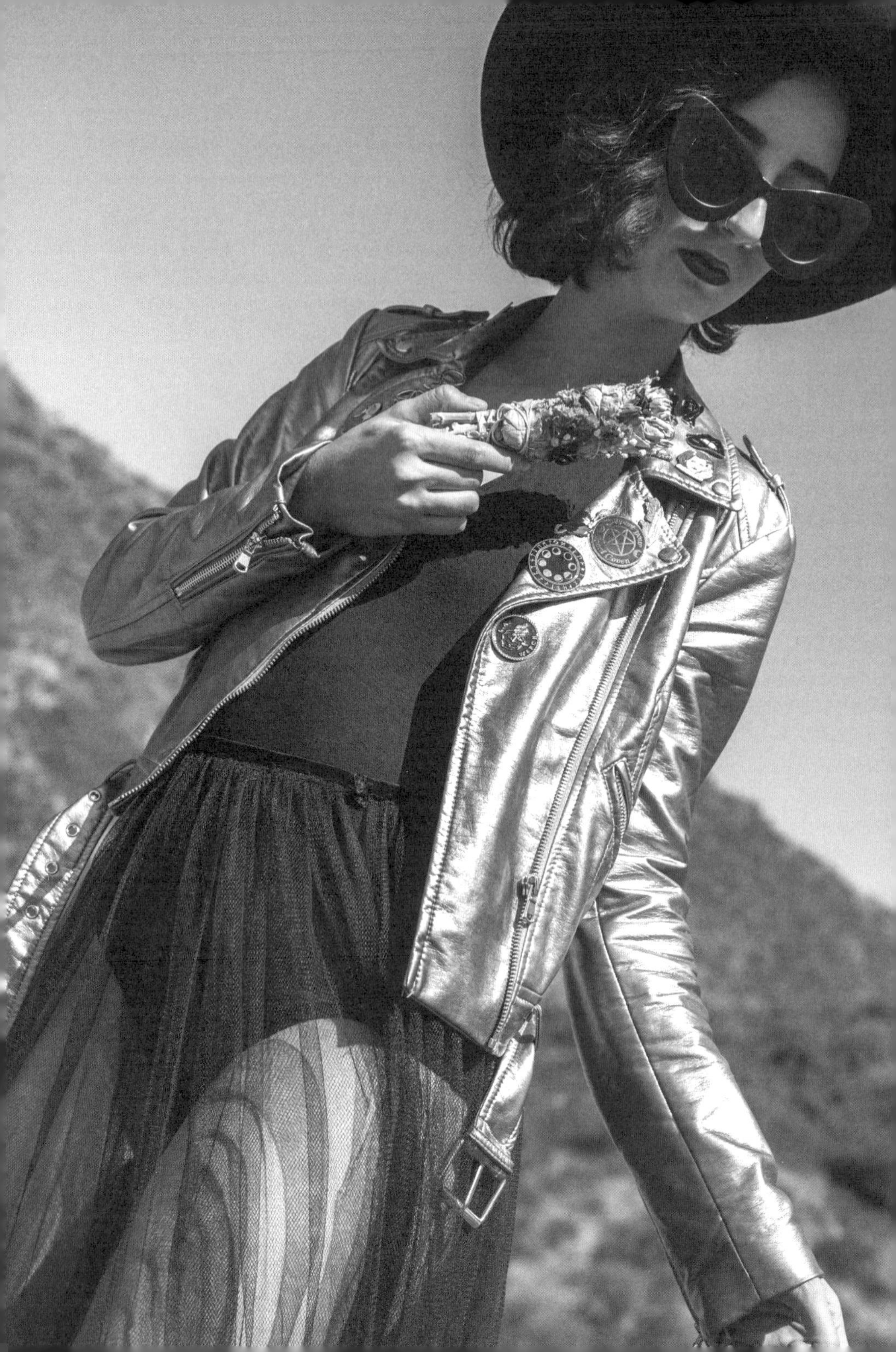

Antes de que a Harry lo enviaran a los campos de concentración, en los que permaneció tres años, había estado en Praga. Allí aprendió a tejer y se convirtió en todo un experto en el oficio.

Mis abuelos maternos, en cambio, lograron escapar de Polonia antes de que estallara la guerra y se instalaron en Ciudad de México, donde abrieron una tienda en la que vendían guantes y medias. Tras unos años, fundaron una fábrica de cremalleras y formaron una familia.

Así pues, llevo la moda en la sangre y la verdad es que me apasiona utilizar la ropa para expresarme, y también para conectarme con mi alma. En términos étnicos, soy judía de pura cepa y, como tal, no debería estar aquí. Y, sin embargo, aquí estoy. Venero ese hecho conectándome con mis ancestros a través de lo que llevo e incorporando la moda a mi magiak. Y estoy muy agradecida por poder continuar haciéndolo con este libro.

## UNA BENDICIÓN PARA PROTEGERTE A TI, A TU ROPA Y A TUS ACCESORIOS

Cada mañana, nos vestimos para afrontar el día con la cabeza bien alta y el corazón abierto. Pese a la práctica espiritual que realizamos, hay días en los que necesitamos un empujoncito o un poco más de apoyo y guía. Recuerda que puedes pedir ayuda al Universo siempre que lo necesites. Y además podemos bendecir nuestras prendas de ropa para conseguir un poco más de protección.

El mejor momento para hacer esta bendición es por la mañana, antes de ponerte la prenda de ropa que hayas elegido. También puedes cargar tu ropa de energía colocándola en el altar la noche antes y poniendo cristales como labradorita (para purificar y proteger tu aura) y selenita (para absorber la negatividad), amatista (para sanar), cuarzo rosa (para el amor) y cuarzo transparente (para reforzar los efectos de las demás piedras).

## Paso 1: Purificar

Pasa palo santo, hierba del bisonte, artemisa o salvia por encima de la ropa. También puedes agitar una varita de selenita alrededor para que así absorba toda energía negativa. Tómate un segundo para respirar y apoya bien los pies en el suelo, una forma infalible de conectar con tu chakra raíz, el primer chakra.

## Paso 2: Bendecir

Respira hondo varias veces y conecta con tus ancestros, guías espirituales, maestros, deidades o cualquier otro ser. Después, pídeles que te guíen. Céntrate en tu respiración y en el lugar en el que estás, un lugar de conexión y sabiduría. Coloca las manos sobre la prenda que hayas elegido y después pronuncia las frases siguientes mientras imaginas que una luz blanca ilumina la ropa:

> *Hoy bendigo esta ropa para que me ayude a moverme de forma segura a lo largo del día. Que el Universo me proporcione ropa que me proteja y sane mi energía. Que mis ancestros escuchen mis palabras y bendigan estas prendas y la piel que las llevará. Que así sea, y que así siga siendo.*

Recuerda que estas palabras son solo una idea, una sugerencia. ¡Puedes cambiarlas y modificarlas a tu gusto! Dedica unos segundos a respirar en este espacio; apoya la cabeza en el suelo, ancla tu energía y después vístete con la ropa que has bendecido. ¡Y *voilà*!

Si te gusta esta bendición, puedes comprar una vela especial y encenderla cada vez que bendigas la ropa. Una vela blanca y redondeada sería perfecta para la ocasión.

## FUEGO, CAMINA CONMIGO: UN SIGILO EN EL ZAPATO PARA PROTEGERTE

Este hechizo consiste en colocar un símbolo protector, denominado sigilo, en la suela de tu zapato. Es una forma de embrujar a tu zapato y dotarlo de protección, lo cual te permitirá caminar por territorio conocido y desconocido de forma segura.

Este hechizo funciona mejor en luna nueva, llena o creciente. Te aconsejo que utilices este hechizo antes de viajar a un nuevo destino.

**Necesitarás:** un par (o varios) de zapatos; un rotulador permanente negro; hierbas; papel y lápiz; sal.

Paso 1: Anclar y centrar

Dedica unos segundos a anclarte. Respira y céntrate en el chakra raíz. Siente cómo esta energía se extiende hasta el alma de la Tierra. Imagina que te sientes a salvo, respaldada y protegida, como si nada pudiera hacerte daño. Deja que esta energía se expanda hasta tus pies. Visualiza una luz blanca emergiendo directamente de la Tierra hacia la suela de tus pies para proteger cada paso que vayas a dar.

Paso 2: Crear el círculo

Crea tu círculo, tal y como se explica en la página 51, e imagina una esfera de luz blanca y protectora a tu alrededor. Tómate unos instantes para empaparte de esta energía y pídele al Universo o a las deidades, ángeles o seres con los que sueles trabajar su compasión y protección durante tus viajes.

Paso 3: Hacer el sigilo

Utiliza el papel y el bolígrafo para escribir tus intenciones o lo que esperas de este hechizo. Es preferible empezar esta declaración de intenciones con frases como «deseo» o «es mi voluntad», como por ejemplo:

> *Es mi voluntad empezar y acabar este día con total seguridad y protección.*
>
> *Deseo que este viaje sea seguro y fácil para así poder disfrutarlo.*
>
> *Tengo un deseo: empezar y acabar el día con seguridad y comodidad.*

Una vez hayas decidido qué palabras utilizar, tacha todas las letras que se repitan. Después, usando las letras que quedan, combínalas para crear un símbolo. Es evidente que, a primera vista, el símbolo se verá un poco raro y será difícil distinguir las letras que lo conforman. Tu subconsciente grabará este símbolo y hará que tu consciente olvide las letras que se esconden detrás de él. A partir de este momento, la magiak podrá manifestarse. También puedes crear un sigilo distinto para cada una de tus intenciones y combinarlos para crear uno más fuerte y poderoso.

### Paso 4: Cargar el sigilo de energía

Una vez tengas tu símbolo, ha llegado el momento de llenarlo o cargarlo de energía. El proceso es como invocar un cono de poder para el símbolo. Retén el símbolo en tu tercer ojo, o colócalo físicamente delante de ti; después invoca la energía y transmítela al símbolo. Cuando llegues al punto más álgido, observa el símbolo para cargarlo de energía.

### Punto 5: Dibujar el sigilo

Utiliza el rotulador permanente para dibujar el sigilo en la suela del par (o pares) de zapatos que quieras bendecir. Puedes dibujar el sigilo en la parte interior o exterior de la suela (asegúrate de que la tinta esté seca antes de dejar el zapato en el suelo o de calzártelo). Una vez hayas dibujado el sigilo, cierra los ojos y transmítele tu protección. También puedes colocar las manos sobre los zapatos y decir algo como lo siguiente:

> *Que estos zapatos me protejan a lo largo del día, que me guíen hacia un destino seguro. Con la bendición del Universo, pido que me protejan desde este punto hasta el infinito.*

### Paso 6: Visualizar

Cuando ya hayas dibujado el sigilo en los zapatos, visualízate caminando por lugares distintos: por tu casa y por tu vecindario, por lugares desconocidos, tanto reales como imaginarios.

Imagina que una esfera de luz blanca te protege y que la suela de tus zapatos emite una luz dorada.

### Paso 7: Cerrar el círculo y anclar

Ahora que ya has terminado el hechizo, cierra el círculo y ancla tu energía. Puedes apoyar la frente en la Tierra e imaginar que todo el exceso de energía regresa a ella.

Ponte esos zapatos siempre que necesites una dosis extra de protección.

Si ves que el sigilo empieza a borrarse o a desaparecer, puedes retocarlo, pues es una forma de protegerlos todavía más.

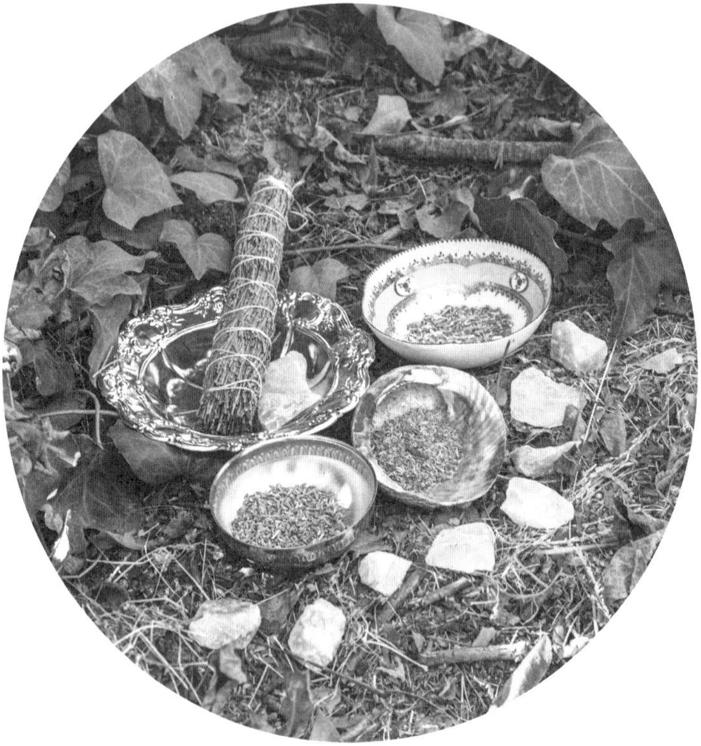

CAPÍTULO 5

# Estilo de vida de la bruja verde: magiak de la Tierra

La Tierra es la musa principal de la bruja. Está viva, es fértil y próspera y crece y evoluciona igual que nosotras. La magiak terrenal se basa en Gaia, que es la Tierra personificada como la Gran Madre de todos los seres que crecen en ella. Al trabajar mano a mano con nuestros ancestros, la naturaleza y todo tipo de plantas, podremos forjar una conexión más duradera y más profunda con la Tierra, y con nosotras mismas. Este es el estilo de vida de una bruja, y de una bruja verde: caminar de la mano de la Naturaleza, aprender de ella, crear magiak con ella y tratar de dejarla en un lugar mejor que cuando la encontramos.

En este capítulo te enseñaré a trabajar con plantas como la artemisa, la lavanda y las rosas, pues pueden ser grandes aliadas para ti. Si no se te da muy bien la jardinería, no te preocupes (aunque te iría de perlas, evidentemente). Hoy en día podemos comprar plantas de una forma ética y sostenible sin tener que cultivarlas en un jardín. Eso significa que no tenemos excusa para no utilizar su magiak. (Si bien la magiak de la Tierra puede incluir cristales y piedras, abordaremos ese tema con más detalle en el capítulo 7.)

Ni siquiera debes ser buena cocinera para utilizar la magiak de la Tierra. Da lo mismo si trabajas con bolsitas de hierbas (o cojines de hierbas) para crear sueños psíquicos, un baño ritual para pedir protección o una esencia de hierbas para abrir el corazón; sea como sea, esta clase de magiak te servirá para mejorar cualquier aspecto de tu vida.

# Hierbas que curan

Las primeras brujas utilizaban todo tipo de plantas y hierbas en secreto. Estas curanderas populares, médicas y comadronas tenían un amplio conocimiento sobre el uso de plantas en medicina física y espiritual. Gracias a ellas, traían bebés al mundo, curaban enfermedades y alejaban todo tipo de energías negativas. Su conexión con las plantas era sagrada. Por suerte, no tienes que adquirir este nivel de conocimiento o sabiduría para beneficiarte de tu relación con la Tierra, y su magiak. Sin embargo, esta magiak es mucho más fuerte y poderosa si se crea un vínculo más íntimo con las plantas y hierbas con las que trabajas.

## Cultiva tus propias plantas

Si eres una verdadera bruja verde, o si tienes mano con la jardinería, lo más probable es que quieras cultivar tus propias hierbas. Puedes visitar un vivero y charlar con los expertos para saber qué plantas y hierbas crecen mejor según el clima de la zona en la que vives, aunque también puedes descubrirlo navegando por la red.

Hoy en día existen varias maneras de cultivar tus propias plantas, como usar hidroponía, sembrarlas en tu jardín, al aire libre, o en una maceta o incluso dentro de casa. Así que no tienes excusa para encontrar una forma que se adapte a ti.

Si vas a cultivar tus propias hierbas, escribe una bendición dedicada a ellas. Habla con ellas, crea una relación y venera su crecimiento como el tuyo propio. Respira con ellas, invítalas a crecer con fuerza y dales las gracias por su magiak. Coloca cristales en la tierra a modo de bendición y ofrenda (el ágata musgosa es perfecta para esto); utiliza la sangre de tu menstruación como fertilizante (si aún tienes la menstruación) e incorpora tus hierbas a tus recetas.

En el caso de que no se te dé bien la jardinería, como me pasa a mí, no te estreses. Puedes encontrar hierbas ecológicas que funcionarán igual de bien en tus hechizos, rituales y ofrendas.

## CÓMO ELABORAR TU PROPIO PULVERIZADOR DE SALVIA

**Necesitarás:** agua mineral (puede ser embotellada); alcohol puro o vodka; aceite esencial de salvia; un cuenco; un pulverizador pequeño. Opcional: cuarzo transparente, turmalina, ónice.

En el cuenco, mezcla dos partes de agua con una parte de alcohol y una parte de aceite de salvia. Si quieres, puedes añadir cristales como cuarzo blanco, turmalina u ónice para reforzar la magiak protectora de este pulverizador. Déjalo bajo la luz de la luna llena para que se cargue de energía. Después, en caso de que sea necesario, retira los cristales antes de verter el líquido en el pulverizador. Utilízalo para purificar una zona que pueda contener negatividad o un exceso de energía, ya sea en luna llena, luna nueva o un *sabbat*. Puedes utilizarlo siempre que quieras para sustituir la quema de salvia.

# Conocer bien las hierbas

Las plantas no son cosas físicas, sino seres vivos, con su propia alma y energía. Por lo tanto, son seres sensibles, como nosotros, solo que sus sentidos se manifiestan de forma distinta. Aunque cada bruja es diferente y tiene sus propias creencias sobre la naturaleza de las plantas, hay algo en lo que todas estamos de acuerdo: las plantas tienen alma y energía con las que podemos trabajar y forjar una relación. En cuanto empieces a utilizar plantas específicas, empezarás a crear un vínculo con ellas. Y, de repente, por poner un ejemplo, encontrarás brotes de romero cuando te sientas energéticamente agotada, o brotes de lavanda si te cuesta conciliar el sueño.

Una vez más, la palabra clave es «relación». Tu relación con las plantas será única, ¡y eso es perfecto! Si quieres empezar a utilizar hierbas pero no sabes por dónde empezar, puedes echar un vistazo a la lista que encontrarás a continuación. Allí tienes toda la información necesaria para ponerte manos a la obra. (En un sentido estricto, las hierbas provienen de la hoja de la planta, mientras que las especias provienen de la raíz, el tallo, la flor o la corteza.) En lo referente a las hierbas relacionadas con el amor, la mayoría funciona para cualquier tipo de amor, ya sea romántico, familiar o amistoso. Las rosas rojas suelen ser perfectas para el amor romántico y sexual, mientras que la lavanda es ideal para atraer todo tipo de amor, además de para curar un corazón roto.

Sin embargo, lo que marcará la diferencia es la intención que tengas cuando trabajes con estas plantas.

## ACIANO

Esta flor, de un color azul brillante y llamativo, es hermosa a la vez que útil. Forma parte de la familia de las margaritas y se puede utilizar para asuntos del corazón, como para atraer el amor. Existe el rumor de que espolvorear aciano en la suela de tu zapato derecho atraerá a una pareja. También se dice que, si trabajamos con el tercer ojo, nos ayuda a abrirlo y a ver el reino de las hadas. Y además puedes hacer té con las flores de aciano y bebértelo, o elaborar una mascarilla de ojos para favorecer la clarividencia; si espolvoreas aciano en un baño ritual, atraerás el amor y reforzarás tus habilidades psíquicas. Por último, también puedes usarla en hechizos u ofrendas.

Prueba a hacer tinta de aciano y utilízala para escribir en tu grimorio. Hierve dos tazas de flores frescas (o una taza de flores secas) en dos tazas de agua durante veinte o treinta minutos. Usa un cazo que no sea metálico. Después vierte el líquido en una jarra y añade dos o tres gotas de vinagre y una pizca de sal para que se conserve mejor. Mantén la mezcla en un lugar oscuro y utiliza una pluma para escribir.

## ARTEMISA

La artemisa es una hierba mágika muy famosa que toda bruja debería utilizar. Se asocia con la carta del tarot de la Luna y suele usarse para realzar los sueños. El nombre botánico de la planta es *Artemisa vulgaris*, en honor a Ártemis, la diosa griega de la caza, el bosque y la fertilidad. El aceite de artemisa es ideal para consagrar objetos rituales, como un *athame*, y también para alejar cualquier forma de energía negativa. La conexión de la artemisa con la Luna significa que abre el canal a la Femineidad Divina, al Universo y a nuestros sentidos psíquicos. Si colocas un ramillete de artemisa bajo la almohada, o si tomas un té de artemisa, tus sueños serán más lúcidos. Cuando se añade a amuletos, ayuda a que nuestros seres queridos regresen sanos y salvos. También puedes pasar hojas frescas de artemisa por tu bola de cristal o espejos de adivinación para aumentar sus poderes.

Prueba a poner un ramito de artemisa en tu zapato para combatir el cansancio en viajes largos.

## CANELA

Es una de las especias más asequibles y fáciles de conseguir. La canela te ayuda a protegerte, a anclarte y a purificarte. Refuerza la concentración y la suerte, y puedes llevarla dentro de un talismán o amuleto. La corteza de canela se suele asociar con la carta del tarot de los Amantes y, cuando se combina con el poder de la turmalina, es una forma de consagrar y purificar objetos rituales. Además, la canela se asocia con el Sol y, gracias a su energía brillante y picante, se puede utilizar para magiak del amor y del sexo. Se suele usar para hechizos de prosperidad y abundancia y para realzar las habilidades psíquicas, sobre todo cuando canalizas energías.

Prueba a quemar canela antes de un ritual para purificar un espacio.

## DIENTE DE LEÓN

El diente de león es una hierba con muchas propiedades. Puesto que se asocia con la diosa griega Hécate, suele relacionarse con la nigromancia y el Inframundo. Además, ayuda a eliminar el mercurio del cuerpo y, puesto que está gobernada por el elemento del Aire, se puede utilizar para comunicarse con los muertos. Se dice que tomar una infusión de diente de león antes de un ritual ayuda a aumentar las capacidades psíquicas y favorece la comunicación con otros reinos. Puedes usar las raíces para hacer té o las flores para hacer vino y dejarlos como ofrendas a Hécate. El diente de león es una hierba excelente, por lo que te aconsejo que la incluyas en tu dieta. Lava las hojas y añádelas a tu ensalada, ya que son un desintoxicante natural que ayudarán a que el hígado y la vesícula biliar funcionen mucho mejor.

Prueba a hacer té con raíces de diente de león. Para ello, corta las raíces y espárcelas sobre una hoja de papel de horno. Mételas en el horno a 250 °C durante unas dos horas. Después tritura las raíces con un molinillo, por ejemplo, y hazte un café con una o dos cucharadas de ese polvo. También puedes echarlas en un saquito de té y preparar una infusión. Recuerda que es un diurético natural, por lo que puedes beber todo lo que quieras, pero deja un poco en el fondo de la taza. Después, sal al jardín, o a un parque que tengas cerca, cava un hoyo, echa el té restante y márchate sin mirar atrás. Es una maravillosa ofrenda para las deidades griegas que merodean por el Inframundo.

## HOJA DE LAUREL

Las sacerdotisas de la Antigua Grecia ya utilizaban el laurel para comunicarse con el Oráculo de Delfos. Y es que el laurel es una hierba con un amplio abanico de propiedades; te ayuda a alejar la energía negativa y te ofrece protección, además de atraer el amor. Puesto que es una planta con propiedades protectoras, puedes utilizar hojas de laurel para purificar la energía de tu hogar. Según el mito, los primeros olímpicos llevaban una corona de hojas de laurel, y hoy en día todavía se entrega como ofrenda en rituales de iniciación. Quema hojas de laurel para inducir una visión y colócalas debajo de tu almohada para encontrar inspiración y tener sueños psíquicos.

Prueba a quemar hojas de laurel como ofrenda a las deidades con las que trabajas. También puedes esparcir las cenizas por el suelo en un ritual de purificación, o esparcir las hojas y barrerlas hacia la puerta como ritual de protección.

## LAVANDA

La lavanda es una de las hierbas más sanadoras y suele utilizarse para calmar la ansiedad y tratar el insomnio y la inquietud. También se aconseja para tratar problemas digestivos. Su flor púrpura y su aroma tienen un efecto calmante y sedante, pero además se usa desde tiempos inmemoriales para curar y desinfectar heridas. La lavanda también ayuda al desarrollo psíquico y, por si todo esto fuera poco, atrae el amor. Llena una bolsita con lavanda y colócala debajo de tu almohada para conciliar el sueño; cuelga ramilletes de lavanda en tu habitación para atraer el amor y quémalos durante una meditación para abrir la mente. Forma parte de la familia de la menta y puede utilizarse en tés, tónicos, baños y hechizos y rituales relacionados con la sanación y/o el amor.

Prueba a añadir lavanda a un baño de sales para conseguir un efecto calmante y sanador.

## MENTA

La menta tiene muchísimos usos en todas sus variedades. El mito de la menta es tan interesante como la propia planta. La diosa griega Perséfone estaba celosa de su marido, Hades, porque este le había echado el ojo a la ninfa Mente, así que decidió convertir a la ninfa en una planta de menta. Se supone que quemar un poco de menta antes de irse a dormir induce sueños proféticos, y se dice que el té de menta provoca visiones psíquicas. La menta es una hierba protectora que puedes utilizar en hechizos y magiak de sanación, pero también para celebrar e invocar el éxito. Gracias a su color verde intenso, es una opción perfecta para hechizos de abundancia y de dinero.

Prueba a bendecir la menta antes de incorporarla a tus platos o a tus bebidas. Sujeta las hojas en tu mano izquierda y coloca la derecha justo encima de las hojas. Después imagina una energía de protección, abundancia o éxito envolviendo las hojas. Da las gracias a la planta y disfruta de su sabor en una limonada, té, sopa o ensalada.

## ROMERO

El romero es una hierba aromática muy resistente que ya en la Antigüedad se utilizaba en ocasiones importantes y señaladas, como funerales y bodas, pero también a modo de decoración en los *sabbats*. El romero convierte cualquier acontecimiento en algo más sagrado y, además, lo hace memorable, inolvidable. Cuenta la leyenda que en Sicilia las hadas viven entre arbustos de romero y pueden transformar sus ramas en diminutas serpientes. Esta planta también tiene propiedades purificantes y protectoras, por lo que nos ayuda a anclarnos y aleja cualquier tipo de negatividad y malevolencia. El romero puede usarse en rituales y hechizos de amor, de fidelidad y de recuerdo. Aunque también puede utilizarse en baños rituales, en recetas, como aderezo, o como perfume.

Prueba a ponerte unas gotitas de aceite o perfume de romero antes de una entrevista de trabajo para que se acuerden de ti.

## ROSA

Es una de las flores más apreciadas en todo el mundo. ¿Quién no conoce la rosa? Es la flor de Afrodita, la diosa griega del amor, la belleza y el sexo y, por lo tanto, es un símbolo de amor, sanación y esperanza. Las rosas representan la capacidad de amar y nutrir, pues empujan al corazón a crecer y a florecer.
Esta flor estimula la alegría y el placer. La rosa es perfecta para asuntos de sanación, sobre todo si están relacionados con el corazón y el amor. Basta con quemarla y colocarla en tu espacio sagrado para aprovechar todos sus beneficios. Además, la rosa también puede utilizarse para la magiak y la adivinación relacionada con el amor, y para honrar a la diosa en rituales. Con tanta variedad de usos, puedes encontrar esta flor en aceites para la piel y el cabello, en ungüentos y en agua de rosas.

Prueba a preparar agua de rosas. Arranca los pétalos de seis o siete rosas ecológicas, métetelos en un cazo y añade agua destilada o mineral hasta que los cubra. Hierve los pétalos a fuego medio durante veinte o treinta minutos, hasta que pierdan todo su color. Filtra la mezcla y vierte el líquido en una jarra de cristal. Puedes añadir el agua de rosas en un pulverizador. Agítalo bien antes de utilizarlo sobre tu piel o de purificar tu altar, tu espejo o cualquier otro objeto.

## VERBENA

La verbena, también conocida como tisana, se considera una hierba sagrada para multitud de antiguas civilizaciones, como los celtas, los griegos, los romanos y los galeses. Sin lugar a dudas, esto es por el amplio abanico de usos que posee esta hierba. Además de todas sus reconocidas y famosas propiedades, puede empoderar y ensalzar cualquier magiak. Puedes utilizar verbena para purificar y consagrar las herramientas de tu altar, para proteger a alguien de emociones negativas, para perseguir y alcanzar los sueños e incluso para bendecir y purificar un espacio. Pero la lista no termina aquí: también puedes usar esta planta para encontrar el amor verdadero, para atraer un amante o una pareja y para hechizos sexuales. Suele asociarse con la diosa romana

Diana y, por lo tanto, puedes llevarla como amuleto, dentro de un colgante, o hacer bolsitas aromáticas o añadirla a tus recetas.

Prueba a hacer una bolsita de verbena para conseguir clarividencia y sueños lúcidos. Compra hilo rojo y cose una bolsita de tela plateada que mida entre 12 y 18 centímetros. Llena la bolsita con verbena, artemisa y caléndula para tener sueños proféticos. Colócala sobre el cabezal de la cama o debajo de la almohada.

## UN ELIXIR DE HIERBAS PARA ABRIR EL CORAZÓN

Los elixires son una forma de tintura: una mezcla elaborada a partir de alcohol y hierbas, solo que se le añade un poco de miel u otro edulcorante. El espino blanco, el manzano y el rosal son plantas de la misma familia y, combinados con un poco de miel, estimulan y promueven un corazón abierto. Así pues, no dudes en tomarte este elixir energizante y rápido siempre que quieras canalizar y abrir tu corazón.

**Necesitarás:** un bote de cristal (un bote de mermelada vacío es perfecto); alcohol con un 80 por ciento de graduación (el vodka es una opción excelente, aunque puedes utilizar otro alcohol. Sin embargo, cuánto más claro, mejor); edulcorante líquido (como por ejemplo miel líquida, glicerina, sirope de arce, sirope de agave); una cucharada de una de las siguientes hierbas secas: la hoja y la flor de espino blanco, rosa ecológica, manzano, canela o camomila (puedes utilizar todas las hierbas que quieras, pero en general se aconseja mezclar tres de estas cinco hierbas); muselina o estopilla para presionar la mezcla; una o varias botellas pequeñas con cuentagotas; cinta adhesiva y un rotulador permanente para escribir sobre la etiqueta.

Paso 1: Prepara las hierbas y añade el alcohol y el edulcorante

Utiliza un molinillo para café, o una licuadora, para triturar las hierbas que hayas elegido. Echa cuatro o cinco cucharadas de la mezcla de hierbas en el bote de cristal. Después cubre con 2 partes de alcohol y 1 parte de edulcorante. (Si utilizas flores o hierbas frescas, añade un poco más de alcohol. Para que la mezcla sea duradera, el líquido debe contener un 20 por ciento de alcohol. Y, gracias al azúcar, se conservará mucho mejor.) Etiqueta el bote con la fecha, las hierbas y el alcohol que hayas utilizado.

### Paso 2: Guarda el bote en un lugar oscuro

Debes conservar los botes en un lugar fresco y oscuro, como un armario o una despensa durante dos o tres semanas. Asegúrate de que el bote esté bien cerrado y agítalo varias veces a la semana.

### Paso 3: Filtra la mezcla

Después de que el elixir haya reposado al menos un par de semanas, ha llegado el momento de filtrarlo. Puedes verter el líquido en un vaso medidor o directamente en las botellas con gotero. (Estas botellas son maravillosas, ya que no solo son un regalo original y sorprendente, sino que además son perfectas para guardar cantidades individuales del elixir.) Cubre el bote de cristal con la muselina o la estopilla, filtra el elixir y después presiona bien las hierbas que han quedado en la tela para exprimir todo el líquido. Por último, vierte el elixir en las botellas.

### Paso 4: Etiqueta las botellas ¡y disfruta!

Etiqueta las botellas con la fecha, las hierbas y el alcohol que has utilizado. Toma media cucharadita de elixir ¡y disfruta! Puedes añadir unas gotitas a una botella de agua, por ejemplo, o tomarlo directamente cuando necesites conectarte con tu corazón.

# Otras formas de utilizar plantas

Existen muchas maneras de trabajar con la flora. Tal y como hemos visto, puedes incorporar hierbas a tus recetas, a tu rutina de cuidado de la piel, a tu práctica ritual diaria e incluso a tus hechizos.

Preparar tés de hierbas, tinturas y elixires, baños rituales, esencias y aguas de hierbas es una manera sencilla y asequible de trabajar directamente con la energía de la Tierra y de las hierbas que hayas elegido.

Pero ten cuidado: antes de utilizar una hierba en particular, debes informarte sobre ella y conocerla a fondo para así asegurarte de que no te hará ningún daño, ya que existen plantas venenosas como la cicuta y el lirio de los valles.

## TÉS

¿A quién no le gusta tomarse una taza de té de vez en cuando? Es una bebida reconfortante y su aroma es delicioso, además de tranquilizador. Preparar un buen té y disfrutarlo puede ser todo un ritual en sí mismo. Aunque también hay quien se lo toma de un sorbo antes de ir a trabajar. Sea como sea, es un remedio natural perfecto y una forma de conocer y sentir el efecto sanador de las hierbas que contiene.

### UN TÉ RITUAL MUY SENCILLO PARA CALMAR LA ANSIEDAD Y EL ESTRÉS

Para esos días en que te sientas ansiosa y estresada, te aconsejo que prepares un té de hierbas secas y ecológicas. La mezcla es la siguiente: 1 parte de lavanda, camomila o menta, 5 partes de fruto de la rosa, bálsamo de limón y valeriana.

## HIERBAS DE PROTECCIÓN

Cada día nuestra energía se mezcla con el mundo que nos rodea. Los seres del mundo natural, del mundo astral y del mundo físico influencian y afectan nuestros cuerpos y nuestras almas. Todas las culturas y civilizaciones del mundo han tratado de adentrarse en el reino de la magiak de protección. Y, si bien no existe una forma correcta de trabajar con esta magiak, el uso de hierbas y plantas es una opción estupenda para la bruja verde, sobre todo si prepara *sachés*. Un saché es una bolsita de hierbas que puede guardarse en algún lugar en concreto para gozar de protección. Si utilizas hierbas que alejan y repelen la negatividad, te curan y te protegen, puedes estar segura de que la Tierra te regalará un extra de amor y protección en tu día a día.

### UN SACHÉ DE PROTECCIÓN

Este saché debe contener hierbas protectoras y un hechizo de destierro para mantener una zona en particular, como tu casa o tu coche, segura y protegida. Te aconsejo que prepares este saché en luna llena, nueva o creciente.

**Necesitarás:** un trapo de algodón blanco o un retal de terciopelo lila (asegúrate de que no es demasiado grueso para poder coser los extremos) que mida unos 20 centímetros de cada lado; hilo rojo; una vela roja; tres o cinco de las siguientes hierbas: romero, ruda, albahaca, verbena, artemisa, muérdago, hierba de San Juan; cualquier piedra protectora como la labradorita, el ónice o la turmalina.

Paso 1: Purificar el espacio y anclar la energía

Dedica unos instantes a purificar tu espacio; te recomiendo que quemes salvia e incienso. Una vez tengas todo lo que necesites ya preparado, ánclate y concéntrate. Conéctate con la Tierra y con su poder. Decide qué espacio querrías proteger y visualízalo antes de seguir con el siguiente paso.

## Paso 2: Preparar el saché

Una vez ya te hayas anclado, coloca todas las hierbas en el centro de la tela elegida. Imagina que las baña una luz blanca y después une las cuatro puntas, formando así una bolsita. Ata el hilo rojo alrededor y aprieta bien antes de hacer el nudo. Y, por último, pronuncia estas palabras:

> *Destierro toda la negatividad de este espacio para que sea seguro.*

Haz cuatro nudos más, uno por cada elemento, y lee la siguiente frase:

> *Que este saché proteja este [el lugar que quieras proteger] y a todos los que se encuentren en él.*

## Paso 3: Cargarlo de energía con la vela

Una vez pronunciado el hechizo, coloca el saché en tu altar, justo delante de la vela roja. Imagina que la luz blanca que has visualizado antes traspasa el saché y te envuelve. Enciende la vela roja e imagina que el saché forma una burbuja protectora alrededor del espacio que quieras proteger. Debes hacerlo con el corazón abierto y sincero. Y después di:

> *Creo este límite de protección,*
> *instalo este límite de protección,*
> *mantengo este límite de protección,*
> *que ninguna forma de energía negativa pueda adentrarse aquí.*
> *Y que así sea.*

Deja que la vela se apague por sí sola.

### Paso 4: Anclar la energía

Cuando la vela se haya apagado, el hechizo habrá terminado. Dedica unos instantes a anclar tu energía y siente esa misma protección y conexión como has hecho antes. Apoya la frente en el suelo e imagina que todo el exceso de energía regresa a la Tierra.

### Paso 5: Colgar el saché

Una vez ya esté cargado de energía, cuelga el saché en la puerta de entrada de tu casa, o en tu armario. También puedes colocarlo debajo del asiento del conductor de tu coche o esconderlo en el espacio que quieras proteger.

# Baños rituales

A mí me encanta utilizar hierbas y plantas para baños rituales. No deben ser baños largos y complicados, sino que puedes adaptarlos a tus necesidades y gustos. Antes de llevar a cabo rituales o ritos, es normal darse un baño de purificación que incluya plantas y hierbas como la albahaca, el hisopo, la artemisa, el romero y la ruda, o una combinación de varias, para ayudar a purificar el cuerpo y el campo energético. Se puede crear todo un ritual alrededor del baño, pero el mero hecho de meterse en la bañera y no hacer nada más ya es un acto de magiak en sí mismo. Elige velas que se correspondan con tu intención mágika o, simplemente, utiliza velas plateadas, negras y blancas para protección, purificación y sanación. El baño ritual que encontrarás a continuación es perfecto para rejuvenecer el espíritu y el alma, sobre todo después de una ruptura amorosa.

## UN BAÑO RITUAL PARA LA AUTOESTIMA Y LA SANACIÓN

Este baño ritual es muy sencillo porque utiliza hierbas muy fáciles de conseguir para sanar y purificar, pero también para atraer el amor. Este ritual se puede hacer en cualquier momento, pero se recomienda hacerlo en viernes (consultar la tabla de correspondencia de la página 277) y durante luna llena o creciente.

**Necesitarás:** sales de frutas; salvia o palo santo; una bañera; hierbas como pétalos de rosas ecológicas, lavanda, calaminta, melisa, aciano o una combinación de varias. Opcional: velas rosas o blancas; cuarzo rosa, cuarzo transparente y amatista; aceite esencial de rosa y lavanda; cualquier otra cosa que necesites para sentirte cómoda y relajada.

Paso 1: Purificarse y prepararse

Para purificar tu cuerpo y alma, pasa unas hojas de palo santo o salvia por todo tu cuerpo. Si quieres, también puedes purificar el cuarto de baño y la bañera. Pon algo de música, enciende incienso y respira profundamente.

Paso 2: Preparar el baño ritual

Llena la bañera de agua y añade las hierbas; esparce los pétalos de rosa por encima. Entra en la bañera (cuidado con la temperatura) y continúa concentrándote en tu respiración. Túmbate y centra toda tu atención en tu chakra sacro y en tu corazón. Y después lee las siguientes frases:

> *Soy amor. Estoy abierta al amor. Acepto la abundancia del amor. Me merezco el amor.*

También puedes escribir tus propias afirmaciones y después leerlas. Sumerge la cabeza en el agua como ritual de purificación. Y, sobre todo, disfruta del baño. Respira, relájate, medita y siente cómo las hierbas te sanan.

Paso 3: Terminar el ritual

Cuando estés preparada, apaga las velas, vacía la bañera y, poco a poco, seca todo tu cuerpo. Puedes echarte unas gotitas de agua de rosas sobre la piel o tu crema hidratante favorita.

Este ritual no se rige por unas normas estrictas, sino que puedes adaptarlo a tus gustos y añadir otras hierbas que concuerden mejor con tu intención. Juega con distintas frases y disfruta de los poderes sanadores del agua.

# La bruja cocinera

Si eres una apasionada de la gastronomía, o si simplemente te gusta cocinar, ¿por qué no incorporas la magiak a tus recetas? Puedes bendecir la comida mientras la cocinas, utilizar condimentos para dibujar estrellas de cinco puntas y sigilos, o añadir hierbas aromáticas con propiedades específicas a tus platos (como el romero y la salvia para protección, menta para el dinero, etc.) y transmitir todo tu agradecimiento a los ingredientes antes de cocinarlos.

Conserva las hierbas en botes decorativos (para que mantengan todas sus propiedades, no deben recibir luz solar directa), limpia las estanterías a fondo con agua de hierbas y convierte tu cocina en un lugar sagrado.

Empieza a ver todos tus platos como una forma de brujería: la preparación simboliza tu anclaje y la cocción, la invocación de energía. Y cuando saborees tus recetas, imagina el cono de poder. Una vez más, intenta encontrar lo que mejor se adapte a ti y a tus necesidades.

# Espíritus de la Naturaleza

Da lo mismo si vives en una ciudad, una urbanización o en mitad del campo: la Naturaleza nos rodea a todos, sin excepción. Solo que a veces tenemos que fijarnos un poco más. Dar un paseo por el aire libre puede ser una forma de meditación, una invitación a explorar la flora y fauna que te rodean.

Si decides ir a dar una vuelta por plena naturaleza, pon el teléfono en silencio y encuentra una zona tranquila y segura por la que pasear. Observa a tu alrededor y fíjate en las plantas, árboles, arbustos y flores silvestres que crecen allí. Si algo llama tu atención, explóralo. Si te topas con algún animal, no te asustes. Presta atención a todos los detalles: el color del cielo, al susurro del viento, a la forma de las hojas de los árboles. Sé consciente del mundo que te rodea. Tómate unos segundos y concéntrate en tu respiración. Trata de retener todas las sensaciones que te embargan. Si te encuentras con alguna flor, fruto, piña, nuez u otros regalos naturales, recógelos (si eso no supone un problema) y utilízalos posteriormente en un ritual, o para decorar tu altar. Cuando vuelvas a casa, agradécele a la Tierra todo lo que has aprendido de ella.

Además de conocer nuevas plantas y vida salvaje, pasar tiempo en plena naturaleza te ayudará a conectar con otras energías más antiguas, como hadas, sílfides y ondinas.

# El reino de los seres fantásticos

Los seres fantásticos existen desde el principio de los tiempos en todos los rincones del planeta. Son, en sí mismos, el mundo natural. Son la energía de los árboles, el susurro de las flores, lo que provoca que ese gato travieso empiece a perseguir lo que, a primera vista, no es nada. Los seres fantásticos, también conocidos como hadas, enanos y duendes, son los verdaderos ancestros de la Naturaleza. Son los seres que habitan el mundo natural. Existen en el reino astral, aunque lo cierto es que de vez en cuando cruzan la frontera y vagan por nuestro mundo. En los equinoccios, en pleno verano, en Halloween y siempre que el velo se estrecha entre ambos mundos, pueden venir a visitarnos.

El término «seres fantásticos» incluye varios seres mágikos que viven en plano astral. Ninfas, unicornios, sirenas, salamandras, dragones y un largo etcétera. Del mismo modo que existen distintos tipos de animales y personas, también existen diferentes clases de hadas, cada una con un espíritu propio. Pese a que su existencia siempre ha sido un tema de debate, creer en ellas significa verlas. Reconocer su presencia significa reconocer la belleza del mundo natural y el espíritu que las mantiene vivas. No es habitual ver seres fantásticos en nuestro reino, pero cuanto más trabajes con ellos, más percibirás su energía y presencia. Y, quién sabe, tal vez algún día, cuando menos te lo esperes, te encuentres con un ser fantástico.

## QUÉ DEBES RECORDAR CUANDO TRABAJES CON SERES FANTÁSTICOS

Existen unas normas básicas que deberías respetar siempre que trabajes con seres fantásticos. Si estás en un lugar natural, asegúrate de no dejar basura. Limpia ese espacio y siempre intenta dejarlo mejor que como lo encontraste. Y, sobre todo, si pretendes trabajar con cualquier ser fantástico, deja siempre una ofrenda, como un pastel, fruta, vino, galletas, miel o leche. Pero no les des las gracias, pues los ofenderás. En lugar de eso, siente la energía de la gratitud antes de dejar tu ofrenda.

Es muy probable que los seres fantásticos te regalen algo a cambio de tu ofrenda, como una piedra o una ramita. Si de repente ves algo que llama tu atención, cógelo. Puedes incorporarlo a tu magiak o utilizarlo para decorar el altar. No hagas sonar campanas porque eso los asusta. Y no lleves nada de hierro porque, según se dice, los repele y los aleja.

# Tipos de seres fantásticos

Hay tantas clases de seres fantásticos que sería imposible nombrarlos todos. Nos centraremos en un ser fantástico por cada elemento.

Estas entidades encarnan la energía de su respectivo elemento, aunque son seres libres y, por lo tanto, no deberíamos encasillarlos en una sola categoría.

## TIERRA: GNOMO

Los gnomos son más o menos como te los imaginas: seres entrados en años, pues envejecen rápido, pese a que se cree que pueden vivir unos mil años. Estas criaturas de la Tierra viven en los sistemas de raíces de robles ancestrales; allí se dedican a sanar y a cuidar de los animales salvajes. Y es por este motivo que se utilizan figuras decorativas de gnomos en jardines y huertos, para bendecir y proteger estos espacios. La energía del gnomo, que está relacionada con el norte y, por lo tanto, con el elemento de la Tierra, puede invocarse durante un ritual o hechizo para que así proteja a tus mascotas, e incluso a ti. También pueden ser de gran ayuda en hechizos de sanación y pueden revelarte los grandes secretos de la herboristería. Y, puesto que les encanta bailar, puedes pedirles que te ayuden a invocar o ensalzar la energía durante un ritual; si eres de las que veneras una deidad del bosque, estarán más dispuestos a echarte una mano.

**Cómo conectar con los gnomos:** medita a los pies de un roble ancestral. Si no tienes uno cerca, puedes visualizarlo en el reino astral. En este caso, puedes imaginar que visitas un árbol familiar, o te puedes inventar uno. Cierra los ojos, ancla tu energía y conéctate con el árbol. Siente su presencia y su sabiduría antes de implorar que te conecte con los gnomos. Es posible que no lo consigas a la primera, así que sé paciente y dedícale tiempo. Cuando hayas terminado la meditación, déjales una ofrenda. Puede ser leche, miel, pan o algo dulce. Invítales a bailar contigo cuando vuelvas a invocar su energía durante un hechizo de protección o curación. Pídeles que protejan a tus mascotas y déjales ofrendas a los pies de los robles.

## AIRE: SÍLFIDE

Según cuentan los libros de historia, se vieron por primera vez en Grecia y Egipto. Las sílfides son criaturas minúsculas con alas aunque, dada su naturaleza etérea, ni siquiera las necesitan para volar. Estas criaturas pueden invocarse para cualquier hechizo y ritual, pues todo lo que esté relacionado con el elemento del Aire, y su punto cardinal correspondiente, el este, siempre viene bien. El aire representa nuestra inspiración, nuestros anhelos y nuestros deseos, campos gobernados por las sílfides. Cuando jugamos, cuando reímos, cuando amamos, cuando conseguimos crecer y desarrollarnos; todas estas acciones se llevan a cabo en el reino de las sílfides.

**Cómo conectar con las sílfides:** puedes invocar estas criaturas durante un ritual, siempre que quieras invocar el elemento del Aire. Colócate mirando al este y pide a las sílfides que acudan a tu llamada. Hazlo siempre con el corazón abierto. También puedes realizar este sencillo ritual: dedica unos segundos a anclar tu energía y siente que la Tierra te mantiene, te respalda. Después siente el aire que te envuelve y empieza a conectarte con ese elemento. Reconoce la presencia de las sílfides e invítalas a unirse al ritual. Después, crea una obra de arte inspirada en ellas: dibuja, pinta, colorea, cose, escribe…, haz lo que te apetezca basándote en tu creatividad. Mantén la conexión con el elemento del Aire durante todo el proceso artístico. Una vez hayas terminado, coloca tu obra de arte en tu altar y enciende una vela amarilla. Después medita o baila e invoca de nuevo la energía de las sílfides. Cuando estés

DA LO MISMO SI VIVES EN UNA CIUDAD, UNA URBANIZACIÓN O EN MITAD DEL CAMPO: LA NATURALEZA NOS RODEA A TODOS, SIN EXCEPCIÓN. SOLO QUE A VECES TENEMOS QUE FIJARNOS UN POCO MÁS.

preparada, ancla tu energía y, por último, deja una ofrenda a las sílfides en tu altar, o en un lugar al aire libre.

## FUEGO: SALAMANDRA

Las salamandras son el equivalente energético de los lagartos. Son las criaturas que gobiernan el Fuego y su punto cardinal es el sur. La salamandra es un ser fantástico que puedes invocar siempre que necesites una dosis extra de fuego y pasión. Pero cuidado: si merodean demasiado tiempo por nuestro reino, pueden llegar a ser disruptivas, así que es mejor despedir a estas criaturas cuando creas que ya han logrado su cometido. Puedes acudir a ellas cuando utilices magiak de protección para así aprovechar su espíritu apasionado y fogoso. Si estás decidida a trabajar con estos seres, sé prudente y ándate con mucho cuidado. Te aconsejo que, si vas a quemar algo durante el ritual, después esparzas las cenizas en un lugar al aire libre. Puedes desterrarlas directamente, pronunciando la siguiente frase: *Salamandras, os despido de mi reino y os imploro que regreséis al mundo de los seres fantásticos.*

**Cómo conectar con las salamandras:** una forma fácil y segura de invocar a estos seres es mirando fijamente un fuego, o una llama. Sí, tal y como suena. Puedes recurrir a una vela, preferiblemente de color rojo o naranja. Como siempre, dedica unos segundos a anclar tu energía y a conectarte; siente que la Tierra te sostiene y te respalda. Invita a las salamandras, pídeles que te ofrezcan su energía, su protección, su luz o, simplemente, su presencia. Cuando estés preparada, abre los ojos y enciende la vela. Busca un lugar cómodo en el que sentarte y observa la llama que tienes frente a ti. Contémplala y relaja la vista. Concéntrate en tu respiración sin apartar los ojos de la llama de la vela. ¿Sientes alguna cosa? ¿Ves alguna cosa? Sé paciente. Tal vez no percibas nada distinto, pero no tires la toalla y sigue intentándolo. Apaga la vela cuando termines; puedes hacerlo con un abanico o con un apagador de velas. Si vuelves a hacer esta meditación, puedes utilizar la misma vela. Cuando acabes, pronuncia la siguiente frase: *Salamandras, os despido de mi reino y os imploro que regreséis al mundo de los seres fantásticos.* Por último, ancla tu energía y déjales una ofrenda de leche, miel, vino o dulces.

## AGUA: ONDINA

Se dice que las ondinas, criaturas asociadas con el elemento del Agua y el oeste, pueden tener una apariencia muy variopinta; algunas parecen caballitos de mar con rostros humanos y otras tienen el mismo aspecto que una mujer de carne y hueso. El término «ondina» es muy amplio e incluye todo tipo de seres acuáticos, como sirenas y las Nereidas, que son las ninfas del mar. Viven en el océano y en cualquier otro medio acuático, sobre todo si es natural y está lejos de cualquier tipo de civilización. La conexión de las ondinas con el elemento del Agua es bastante similar a nuestra conexión con nuestras emociones, al aspecto femenino de nuestra alma y a la sensación de fluidez, tranquilidad y paz que sentimos cuando estamos en el océano. Puedes invocar a las ondinas para ensalzar la magiak de cualquier hechizo o ritual, aunque son especialmente más fuertes y eficaces si se trabaja con el elemento del Agua, o con cualquier cosa relacionada con las emociones y la sanación.

**Cómo conectar con las ondinas:** visualiza un ser acuático, ya sea del reino físico o del plano astral (si quieres, puedes hacer este ejercicio en la bañera). Ancla tu energía y conéctate con el poder de la Tierra, un poder que yace justo debajo de ti. Métete en la bañera, sumérgete en el agua y empieza a cantar. Si puedes, nada un poco y después quédate flotando en la superficie, boca arriba. Respira hondo y siente cómo el agua te mantiene y te respalda. Imagina que las ondinas te arrastran por el agua; siente sus manos sujetando tu cuerpo y llenándolo de luz blanca. Si necesitas sanar o curar alguna herida, explícales qué te pasa y pídeles ayuda. Respira con el corazón abierto e imagina un resplandor blanco a tu alrededor; fíjate si ves o sientes algo distinto. Cuando creas que ya has terminado el ritual, sal del agua. Ancla tu energía, deja una ofrenda y prosigue tu camino.

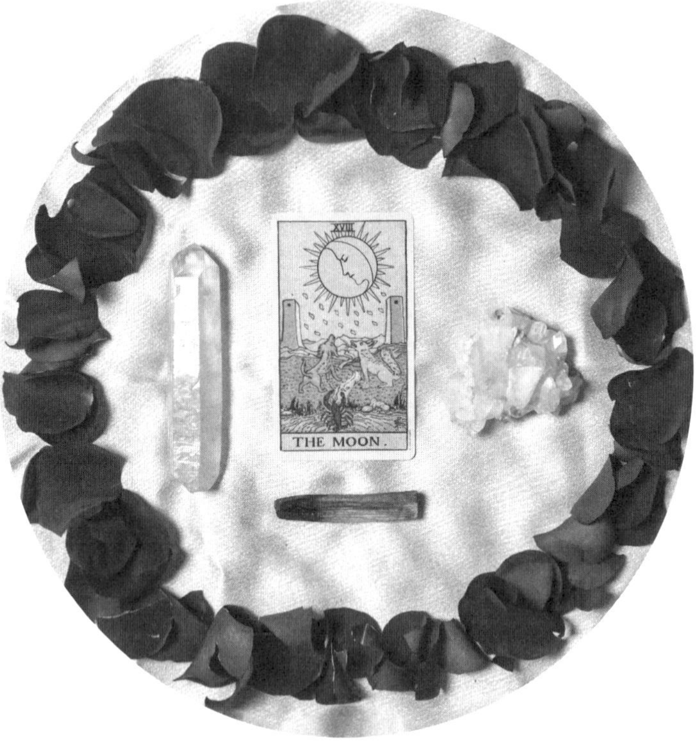
XVIII
THE MOON.

CAPÍTULO 6

# La Luna como musa: magiak lunar

La brujería está llena de leyendas y mitos sobre la Luna. Durante los *sabbats*, casi siempre en luna llena, las brujas se reunían en campos y praderas al aire libre y veneraban a la Luna como la Gran Madre. Para ello, bailaban, cantaban y liberaban su energía. La Luna se adoraba como la diosa romana Diana, como la diosa azteca Coyolxauhqui y como la diosa griega Selena. La Luna nos afecta y nos influye de una forma muy especial; es la señal que nos envía el cielo para recordarnos que, pase lo que pase, siempre hay luz.

A todas las brujas nos emociona hablar de la Luna, pues es nuestra musa, nuestra madre, nuestra diosa, nuestra creadora. Su luz ilumina la oscuridad y nuestra alma. Sus cráteres reflejan nuestras profundidades. Los ciclos lunares reflejan los nuestros, y nos recuerdan el ciclo por el que las mujeres pasamos cada mes. Para las que todavía sangramos, ese ciclo nos indica que crecemos, nos transformamos y perecemos, igual que ella, que crece y mengua cada mes.

La Luna representa nuestro mundo interior. El Sol ilumina nuestra verdad, nuestras pasiones y nuestra luz; la Luna, en cambio, prefiere ocuparse de nuestro subconsciente. Sus susurros son mucho más sutiles; nos acaricia la piel, nos ilumina la visión, nos murmura verdades al oído, etc. Contempla la Luna siempre que puedas. Es la energía del Universo personificada y es una de las maestras más importantes que tendrás. Además, nos recuerda que podemos cambiar y transformarnos siempre que lo queramos.

En el tarot, la carta de la Luna representa una verdad doble. Por una parte simboliza nuestra oscuridad interior, es decir, nuestra mente subconsciente, nuestros sueños, nuestras sombras y todo lo que se esconde en esa penumbra. Nos revela todo aquello que nos avergüenza, que queremos ocultar, que hemos enterrado bajo tantas capas de tinta negra que ya no somos capaces de verlo. Pero la Luna no irradiaría esa luz si no fuese porque refleja el Sol; y esa es la otra parte de su dualidad. De esta manera, la Luna ilumina nuestra oscuridad. Nos invita a explorar nuestro reino interior, a sumergirnos en el océano de nuestra alma. Cuando conectamos nuestra energía con la de la Luna, estamos repitiendo el patrón de nuestros ancestros, pues así era como ellos analizaban su vida, su crecimiento y su desarrollo. Es un método natural además de sencillo.

# Magiak empática y la luna

Ya hablé un poco sobre este tipo de magiak al principio de este libro, en el capítulo 1; en mi humilde opinión, una de las maneras más sencillas de aprender a utilizar esta magiak es trabajando con la Luna. La magiak empática imita el objetivo que nos hemos propuesto, el resultado que deseamos obtener. Es una búsqueda escenificada, pues se expresa el resultado que se espera encontrar y las fases de la Luna son un claro ejemplo de esto.

Cada mes tenemos la oportunidad de hacer borrón y cuenta nueva y empezar de cero. Y todo gracias a la luna nueva, es decir, cuando está en su fase más oscura y no refleja un ápice de luz. En cuanto su luz empieza a ganar intensidad, o a crecer, y hasta que alcanza su plenitud en su fase de luna llena, puedes expresar lo que pretendes conseguir y utilizar la magiak para lograr ese objetivo. A medida que la luz de la Luna crece, nosotras también crecemos; y debemos utilizar nuestra magiak durante la luna nueva, la luna creciente y la luna llena. Cuando la Luna alcanza su máximo esplendor, es el momento perfecto para poner en práctica cualquier tipo de magiak (aunque te aconsejo que dejes los hechizos de destierro para la luna nueva). Sin embargo, cuando la luz de la Luna empiece a menguar, o a perder intensidad, es preferible utilizar nuestra magiak para todo aquello que queramos alejar, desterrar o hacer desaparecer de nuestras vidas. Y en la próxima luna nueva, el ciclo vuelve a empezar de nuevo.

Nuestros calendarios se rigen por el Sol, y su reino. Pero nuestros cuerpos están más conectados con la Luna, o eso pienso yo. Si la Luna controla las mareas, y más del 70 por ciento de nuestro cuerpo es agua, no sería descabellado creer que también nos afecta y nos influye. Si tenemos en cuenta los ritmos lunares, nuestra magiak será más intensa y más potente. Y, tal y como ya hemos visto, cada fase de la Luna tiene características distintas y podemos utilizarlas siempre que lo necesitamos. Conocer cada fase lunar, y sus propiedades, te permitirá acceder a la energía de la Luna y aprovecharla para mejorar tus hechizos, rituales, magiak y trabajo energético.

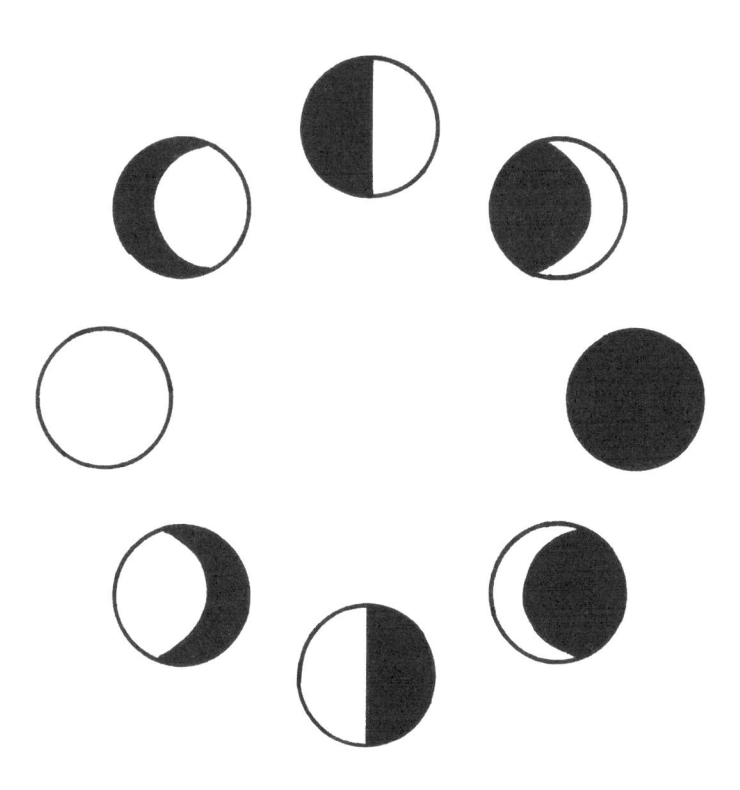

# Luna nueva

La luna nueva es como una página en blanco de una libreta, como una pizarra limpia, como despertarse después de un sueño profundo y reparador, lista para afrontar un nuevo día. Marca el inicio de un nuevo ciclo energético, y es el día en que podemos sumergirnos en nuestros rincones más oscuros y asomarnos al abismo de nuestro corazón y nuestra alma. La luna nueva, también conocida como la luna oscura, es el momento perfecto para fijar los ojos en el mes que está a punto de empezar. El poder de la luna nueva es más intenso en el primer día (que suele marcarse en los calendarios con un punto negro) aunque también es potente durante los dos días y medio anteriores y posteriores a ese día.

La luna nueva es el momento perfecto para plantar semillas y fijarse metas u objetivos. Puedes crear un ritual mensual dedicado a esta fase lunar; puede consistir en leer las cartas del tarot y reflexionar sobre tu vida y tu salud mental, física y espiritual, para así descubrir qué aspectos necesitas estimular o mejorar. Aunque no tengas nada nuevo que plantar, es posible que haya algún objetivo de meses o estaciones anteriores que debes nutrir y alimentar.

Pero la luna nueva también es el momento ideal para desterrar y despedir todo aquello que ya no nos sirve para nada. Aunque lo puedes hacer en luna menguante, lo cierto es que la fase más oscura de la luna es más que apropiada para alejar cualquier tipo de energía negativa o dependiente. Puedes hacer el hechizo vinculante de la página 212 o empezarlo en la luna menguante y acabarlo en la luna nueva.

**Preguntas que debes hacerte en luna nueva:** ¿Qué pretendo cultivar y alimentar durante este ciclo lunar? ¿Qué más necesito en la vida para sentirme plena y realizada? ¿Qué pasos debo dar para cultivar nuevas o viejas pasiones? Intenta escribir una lista de objetivos que querrías alcanzar en el próximo mes.

## UN HECHIZO BÁSICO DE MANIFESTACIÓN

**Necesitarás:** un cirio blanco (o del color que se corresponda con aquello que quieras manifestar; consultar la sección Magiak de velas 101 del capítulo 8, página 270); papel y bolígrafo; un palillo. Opcional: cualquier aceite, hierba y cristal que esté relacionado con tu objetivo.

- Dinero/Abundancia: una vela verde, canela, aceite de jengibre o de pachuli.

- Amor: una vela rosa, pétalos de rosa, aceite de ylang-ylang o de jazmín.

- Salud: una vela blanca y aceite de eucalipto, ciprés o coriandro.

- Creatividad: una vela naranja y aceite de menta, salvia o tangerina.

Paso 1: Anclaje, concentración y crear el círculo

Ancla tu energía y, para ello, encuentra ese punto en la base de tu columna vertebral que apoyas sobre la Tierra. Respira hondo y siente cómo la conexión con la Tierra cada vez es más fuerte, más potente. Para crear tu círculo, camina por el espacio que hayas elegido siguiendo el sentido de las agujas del reloj mientras señalas con un dedo, una varita o un *athame* e imagina que te envuelve una esfera blanca de energía protectora.

Paso 2: Escribir la intención y decorar la vela

Anota tu intención, o petición, en una hoja de papel. Después escribe una frase o unas palabras en la vela que describa lo que quieres manifestar y utiliza un palillo, un alfiler o una aguja para hacerlo, de abajo arriba. Si vas a decorar la vela con hierbas y aceite, ahora es el momento para hacerlo. (Consultar capítulo 8, página 271, para más información sobre magiak de velas). Úntate las manos con el aceite que hayas elegido; pasa las manos por la vela, primero de arriba hacia el centro y después de abajo hacia el centro. Es la manera de atraer la magiak de la vela. Después haz lo mismo con las hierbas, de forma que queden pegadas sobre el aceite, y asegúrate de cubrir toda la superficie de la vela.

Paso 3: Invocar la intención

Una vez hayas preparado la vela, reconecta con tu respiración y enciende la vela. Siente lo que quieres, lo que anhelas, lo que deseas. ¿Cómo reaccionarías si se te concediera lo que pides? Grava ese sentimiento en tu corazón y lee la petición que has escrito en la hoja de papel y en la vela en voz alta. Pídele al Universo, a tus guías, ángeles o deidades que te ofrezcan su apoyo y compasión para que puedas manifestarte de manera libre y segura. Declara tu intención y después deja el papel cerca de la vela (si lo prefieres, puedes quemarlo). Enciende esa vela cada día hasta la luna llena, repitiendo tu intención cada vez que lo hagas. Si se te acaba antes de la luna llena, no te preocupes, no pasa nada. Pero si aún te queda mecha en luna llena, entierra la cera y el papel en un cruce de caminos o déjalos en una intersección.

Paso 4: Anclar y liberar energía

Cuando ya hayas declarado tu intención, siéntate y dedica unos instantes a conectar con ella. Si ya estás lista, utiliza un abanico o un apagador de velas para apagar la llama (sobre todo, no la soples). Cierra el círculo, utilizando los mismos instrumentos que antes, y después camina por tu espacio en sentido contrario de las agujas del reloj. Apoya la cabeza en el suelo y devuelve todo el exceso de energía a la Tierra.

# Luna creciente

La luna creciente es la fase entre la luna nueva y la luna llena; el primer cuarto del astro desaparece una semana después de la luna nueva y una semana antes de la luna llena. Es como estar viajando en tren y, de repente, hacer una parada en la que podemos bajarnos y explorar el terreno que se extiende bajo nuestros pies. Es el momento propicio para examinar nuestro inventario, para reencaminarnos si hace falta y comprobar que vamos donde realmente queremos ir. A lo largo de esta fase puedes utilizar magiak de manifestación, ya que te servirá para asegurarte de que estás en el camino correcto. Además puedes continuar cualquier hechizo o conjuro que hayas empezado durante la luna nueva.

La luna creciente es un buen momento para probar cosas nuevas. A diferencia de la luna llena, que puede ser muy intensa a nivel energético, la luna creciente es el momento perfecto para aceptar una cita a ciegas, probar una clase nueva, aprender una habilidad o crear algo nuevo. Puedes aprovechar estos días para utilizar tu magiak y proponerte retos y desafíos. Pero también puedes olvidarte de todo esto y dedicar esos días a cuidarte y a nutrirte de todo aquello que necesites en ese momento; como siempre digo, no existen malas prácticas. Sé sincera y honesta con tu proceso y haz todas las modificaciones necesarias; solo así aprenderás a trabajar con esta energía.

**Preguntas que debes hacerte en luna creciente:** No te engañes y responde con franqueza las siguientes preguntas. ¿He tratado de alcanzar los objetivos que me propuse en luna nueva? ¿Qué aspectos debería trabajar más? ¿Qué he cultivado y alimentado desde la luna nueva y qué debo continuar cultivando y alimentando? ¿Qué ha estado tratando de llamar mi atención y he ignorado por completo? ¿A qué debo dedicarle más pasión y tiempo?

## UN HECHIZO PARA EL CUIDADO PERSONAL Y EL AMOR PROPIO

Este hechizo se debería hacer un viernes o un lunes (consultar la tabla de correspondencia de la página 277).

**Necesitarás:** una bañera (aunque también puedes usar una ducha), cuarzo rosa, un espejo (preferiblemente de cuerpo entero), y una vela rosa. Opcional: pétalos de rosa, lavanda y sales de fruta.

Paso 1: Darse un baño ritual

Apaga el teléfono para que nada ni nadie te moleste. Si quieres, puedes poner música ambiental para relajarte. Llena la bañera de agua caliente y, si te apetece, añade las sales de fruta. Antes de poner un pie dentro de la bañera, respira hondo. Esparce los pétalos de rosa y la lavanda sobre el agua. Entra en la bañera, sin olvidar tu respiración, y tómate el tiempo necesario para sumergirte en el agua, relajarte y concentrarte. Utiliza este baño para anclar tu energía (Consulta el baño ritual para la autoestima y la sanación del capítulo 5, página 187).

Paso 2: Afirmaciones frente al espejo

Sal de la bañera, sécate y aplícate la crema, aceite o perfume que te haga sentir hermosa y sensual (de rosa o de jazmín serían una opción más que apropiada). Después, acércate al espejo. Empieza a conectarte con tu corazón, respira hondo e imagina que una esfera de luz cálida y brillante envuelve todo tu cuerpo. Coge el cuarzo rosa, sujétalo en tu mano izquierda y pronuncia la siguiente frase:

> *Soy amor. Estoy abierta al amor. Recibo amor. El amor abunda a mi alrededor.*

### Paso 3: Encender la vela

Cuando te sientas preparada, acércate a tu altar. Con el cuarzo rosa en tu mano izquierda, enciende la vela rosa usando la mano derecha. Repite la afirmación anterior. Si puedes, deja que la vela se apague sola y, si te resulta imposible, enciéndela cada noche hasta la luna llena. Después deshazte de la cera; puedes enterrarla en un cruce de caminos o dejarla en una intersección.

### Paso 4: Anclar la energía

Una vez la llama de la vela se haya apagado, respira hondo y suelta todo el aire por la boca. Siente que la luz alumbra tu corazón. Apoya la frente en el suelo y libera todo el exceso de energía.

# Luna llena

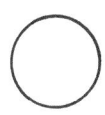

Es la fase favorita de las brujas, pues es el día más energético y poderoso del mes. Es cuando la Luna está iluminada por completo y nos muestra su gloria y su luz. Refleja nuestras profundidades más oscuras y revela nuestros secretos más escondidos. La luna llena suele intensificar todo, lo que significa que no es el momento más propicio para probar cosas nuevas. Cada luna llena transmite una energía distinta; eso depende del signo astrológico en que se encuentren la Luna y el Sol. Sin embargo, su poder es siempre el mismo, un poder intenso, jugoso, pleno y, sobre todo, nos pregunta qué queremos y necesitamos.

LA LUNA ILUMINA NUESTRA OSCURIDAD. NOS INVITA A EXPLORAR NUESTRO REINO INTERIOR, A SUMERGIRNOS EN EL OCÉANO DE NUESTRA ALMA.

Es el día perfecto para echar la vista atrás y comprobar realmente si hemos crecido y hemos alcanzado los objetivos que nos marcamos el mes anterior. La luna llena también es un momento de gran habilidad psíquica, así que es probable que percibas las cosas de una forma más intensa. Es un momento para utilizar todo tipo de magiak, ya esté relacionada con el amor y la prosperidad, o con la sanación, o con adivinación o con conceptos más psíquicos. Después de la luna llena, la luz empieza a apagarse, lo que significa que debemos centrar nuestra atención en aquello que queremos olvidar o borrar de nuestras vidas.

Una forma sencilla de conectar con el poder de esta fase lunar es sentarse bajo la luz de la Luna y observarla con atención. Si puedes, dedícale al menos cinco minutos. Contempla su forma y su superficie. Respira hondo y conéctate a su luz.

Cuando la luna llena está en su perigeo, es decir, cuando está en el punto de su órbita más cercano a la Tierra, se denomina Superluna. Cuando eso ocurre, la Luna puede parecer un 14 por ciento más grande y un 40 por ciento más brillante de lo habitual. Así que cuando hay una Superluna llena, tenemos la oportunidad de conseguir una mayor energía.

**Preguntas que debes hacerte en luna llena:** ¿Qué he cultivado desde la luna nueva? ¿Qué me aporta alegría? ¿Qué me dice mi intuición y el resto de mis sentidos en este momento? ¿Qué me impide mostrarme tal y como soy?

## UN HECHIZO DE ABUNDANCIA Y RIQUEZA

**Necesitarás:** un tarro de cristal (un tarro de mermelada o de tomate vacío y limpio); miel, azúcar, melaza o agave; hierbas relacionadas con el dinero, como canela, romero, laurel, clavo y tomillo; jade, malaquita o cuarzo transparente; papel y bolígrafo; una vela verde. Opcional: licor, cerillas; cualquier otra cosa que quieras añadir para atraer el dinero (como un talismán o una moneda especial) y salvia o palo santo para purificar.

### Paso 1: Purificar el espacio, anclaje y concentración

Utiliza la hierba que hayas elegido para purificar el espacio con humo sagrado. Después siéntate, concéntrate en tu respiración y ancla tu energía.

### Paso 2: Crear el círculo

Puedes crear tu círculo tal y como se explica en la página 51, o imaginar una esfera de energía que nace de tu corazón y que va creciendo hasta envolver todo tu ser y el espacio en el que vas a trabajar. Respira hondo e imagina que esa esfera de protección es impenetrable.

### Paso 3: Expresar lo que se quiere con claridad

Piensa en la cantidad concreta de dinero que quieres conseguir, o la clase de abundancia que pretendes obtener (como una riqueza emocional, espiritual o física, por poner ejemplos). Cuando tengas bien claro lo que quieres, escríbelo en una hoja de papel, empezando con una frase como: «Atraigo...», «Pido...» o «Recibo...».

### Paso 4: Construir el hechizo

Dobla el papel y métalo dentro del tarro de cristal. Añade las hierbas, los cristales y todo lo que tengas sin olvidarte de tu respiración para así poder conectarte con tu corazón. A medida que vayas incorporando elementos a tu hechizo, ya estás atrayendo aquello que deseas conseguir. Añade la miel para que todo se impregne de su dulzor.

## Paso 5: Cargar el hechizo

Ahora que ya has construido el hechizo, derrite la parte inferior de la vela y colócala encima del tarro. Enciende la vela y pronuncia la siguiente afirmación:

> *Que esta miel [o el sustituto que hayas utilizado] y su dulzor sirva para atraer abundancia y riquezas.*

Después carga el hechizo de energía y crea el cono de poder. Para hacerlo, puedes cantar, bailar o incluso masturbarte. Cuando sientas que tu energía está en su punto más álgido, imagina que en la base del círculo se empieza a formar un cono y que este va creciendo hasta llegar al Universo.

## Paso 6: Dejar que la vela se apague, cerrar el círculo y anclar la energía

Cuando te sientas preparada, cierra el círculo; puedes hacerlo caminando en sentido contrario a las agujas del reloj, tal y como se explica en la página 53, o deshaciéndolo poco a poco, primero alejándolo de tu corazón y después de la base de tu columna vertebral hasta devolverlo a la Tierra. Apoya la frente en el suelo e imagina que el exceso de energía regresa a la Tierra. Deja que la vela se apague por sí sola y después entierra el jarro de cristal en un cruce de caminos o en una intersección. También puedes hacer este hechizo en luna nueva; en este caso no dejes que la vela se apague, pues debes encenderla día a día hasta la próxima luna llena. Y, por último, deshazte del tarro enterrándolo o dejándolo en una intersección.

# Luna menguante

Durante esta fase lunar debemos estar muy seguras y convencidas de todo aquello que queremos abandonar. ¿A qué te has aferrado este último mes y ya no necesitas? La luna menguante te pide, te implora que te despojes de todo lo innecesario. Ella ha dejado atrás su plenitud y ha emprendido un nuevo camino; es el momento perfecto para reflexionar sobre lo que no nos sirve para absolutamente nada, como pensamientos negativos, relaciones tóxicas o incluso sentimientos dañinos. Nos regala la oportunidad de deshacernos de todo eso y, durante ese proceso, su luz va perdiendo cada vez más intensidad.

Es el momento ideal para despedir, desechar, atar, cerrar, gritar, chillar y encarnar; así aligeraremos la carga que llevamos sobre los hombros y nos encaminaremos hacia la luna nueva sintiéndonos más ligeras y liberadas. Dicho esto, habrá meses en los que sientas que no hay nada de lo que quieras desprenderte, o estés concentrada en deshacerte de algo del mes anterior. Aprovecha estos días para ver realmente lo que te impide utilizar todo tu poder y para descubrir qué boicotea tu felicidad. Es un momento de decrecimiento, de liberación, de compleción, pues se nos permite decir «ya no más» y recuperar todo nuestro poder.

### UN HECHIZO DE DESTIERRO PARA UNA PERSONA TÓXICA O DAÑINA

Puedes recurrir a este hechizo cuando sientas que alguien no respeta tus límites, o no te presta atención o consideres que está absorbiendo tu energía. No estarás maldiciendo a esa persona, ni tampoco estarás echándole un mal de ojo, así que no te preocupes; este hechizo funciona de forma muy sutil y consiste en limitar su energía para que así no pueda nutrirse de la tuya.

**Necesitarás:** una fotografía de la persona en cuestión o un objeto suyo (como un mechón de pelo, un papel con anotaciones de su puño y letra o una prenda de ropa que haya llevado); una vela negra; un mechero o cerillas; hilo rojo; papel y bolígrafo; una aguja o un palillo; agua; salvia, palo santo, ónice o turmalina.

Paso 1: Anclaje, concentración y crear el círculo

Ancla tu energía; para ello, respira hondo y conéctate con la Tierra. Imagina que la base de tu columna vertical irradia una energía que se va extendiendo por todo tu cuerpo hasta alcanzar el corazón. Después imagina que el Cosmos emite un resplandor que ilumina la parte superior de tu cabeza y que, poco a poco, se va ensanchando hasta llegar a tu corazón, donde se mezcla con la otra energía. Respira hondo. Con un *athame*, una varita o tu dedo, camina por el espacio en sentido de las agujas del reloj y crea tu círculo.

Paso 2: Invocar a los elementos

Invoca a los elementos, moviéndote por el espacio siguiendo el sentido de las agujas del reloj, empezando por el norte, tal y como se explica en la página 46.

Paso 3: Concentrarse en la intención y deshacerse de ese engorro de una vez por todas

Sigue respirando hasta encontrar tu conexión con la Tierra. Sé muy clara y precisa sobre qué o quién quieres alejar de tu vida. En el dorso de la fotografía, escribe: «Alejo a [su nombre]» y después explica por qué quieres alejar a esa persona de tu vida. Puede ser algo muy sencillo, como «*Alejo a X de toda persona a quien pretenda hacer daño*», aunque también puedes ser más específica. Si utilizas alguna pertenencia de esa persona, coloca el objeto en tu altar y escribe lo mismo en un trozo de papel. Después, lee tu petición en voz alta. Puedes decir algo parecido a lo siguiente, pero adaptándolo a tu situación:

*Yo [tu nombre] alejo a [su nombre]. Alejo a [su nombre] en nombre del Universo. Alejo a [su nombre] en nombre de los elementos para que no pueda hacerme ningún daño. Alejo a [su nombre] en mi nombre. Que así sea.*

Después dobla el trozo de papel e imagina que la persona en cuestión está atada con una cuerda dorada y no puede soltarse; la cuerda es muy fuerte, por lo que jamás podrá zafarse de ella (a menos que decidas revocar el hechizo). Concéntrate en esa imagen y anuda el hilo rojo alrededor del papel. Repite tu petición «Yo alejo a [su nombre]» trece veces.

### Paso 4: Encender la vela

Coloca los cristales alrededor de la vela negra. Después, deja tu petición justo enfrente y comprueba que todos los objetos que pertenecían a esa persona están también ahí. Enciende la vela y repite la afirmación anterior. Aleja a esa persona en tu nombre, en nombre del Universo y en nombre de los elementos. Cuando hayas pronunciado la petición, respira hondo y conéctate con tu intención. Deja que la vela se apague sola; puedes dejarla en el fregadero, por ejemplo, para no correr ningún riesgo.

### Paso 5: Despedir a los elementos

Ahora despide a los elementos, tal y como se explica en la página 48.

### Paso 6: Cerrar el círculo y anclar la energía

Cierra el círculo siguiendo el método que utilizaste para crearlo. Camina en dirección contraria a las agujas del reloj y siente que la energía vuelve a la palma de tu mano, a tu brazo, a tu cuerpo, a la Tierra. Cuando vuelvas al punto inicial, apoya la cabeza en el suelo e imagina que todo el exceso de energía regresa a la Tierra.

Con la luna nueva, entierra la cera y el papel con la petición escrita en un cruce de caminos, o quémalo y tíralo a la taza del váter, o déjalo en una intersección.

# La luna como madre

Lo primero es lo primero. Dios, Diosa, el Universo… sea lo que sea, es mucho más grande que nosotros. Es tan grande, tan abrumador, tan inmenso y tan poderoso que ni siquiera podemos comprenderlo. Es un sentimiento, una sensación, una energía. Pero una cosa está clara: no es un ser humano, y de eso no cabe la menor duda. Cuando veneramos a una diosa o a un dios en particular, en realidad estamos venerando un trocito del pastel. Estamos venerando un aspecto de la divinidad y, al mismo tiempo, a una entidad en concreto.

Los dioses y las diosas tienen su propia agenda divina; no todos son cariñosos o compasivos o comprensivos, aunque hay varios que sí. Cuando empezamos a honrar a una diosa, creamos un vínculo, una relación con ella. La veneramos, la adoramos, la vemos reflejada en nosotras mismas. Le dejamos ofrendas, le rogamos su compasión y establecemos un vínculo con ella.

Muchas de nosotras crecimos adorando a un dios. Y es que, por desgracia, la mayoría de las religiones no contempla la figura de la Diosa. Pero el baile de la Diosa antigua, las alabanzas a la Madre, a la Tierra, a la Luna… al fin y al cabo, todo son llamadas ancestrales que tenemos grabadas en nuestros huesos. Si nos crearon a imagen y semejanza de un ser divino, ¿por qué nunca se ha representado o descrito como algo femenino? Cuando trabajamos con la Diosa en realidad estamos reclamando nuestro derecho a venerar a una mujer para así recordar vidas pasadas, nuestro karma y nuestra historia, que está grabada en nuestra piel.

No todo el mundo tiene que venerar a una diosa, pero si notas que algo se remueve en tu interior cuando piensas en honrar a la Gran Madre o a la diosa de la Luna, entonces no lo dudes, hazlo.

La Luna es uno de los símbolos más antiguos de nuestra relación con la Diosa. La Luna es la personificación de la Diosa y, en el arte de la brujería, veneramos a la Luna como a la Diosa. Cuando incluimos a la Luna en nuestras prácticas, trabajamos con el reino más sutil, con nuestra divina oscuridad, con nuestro poder, con nuestros ciclos. Y, si decidimos venerar a una diosa que está asociada con la Luna, no solo reforzamos nuestra relación con lo divino, sino también nuestra relación con la Luna y el mundo natural.

# Diosas lunares del mundo

A continuación encontrarás varias diosas lunares y diosas relacionadas con la Luna de distintas partes del mundo. ¿Por qué no echas un vistazo para ver cuál de ellas capta tu atención y empiezas a venerarla?

### AUCHIMALGEN – DIOSA CHILENA PROTECTORA

Auchimalgen es una diosa de origen chileno que se venera como la Luna. Auchimalgen es protectora, nos mantiene a salvo del mal y los desastres naturales, además de los espíritus tóxicos y dañinos. El pueblo mapuche, o araucano, veneraba a esta diosa como una deidad importante y poderosa. Auchimalgen está casada con el Sol, que bendice la Tierra con su luz. Ella, en cambio, ilumina la oscuridad como si fuese un faro de protección. Para esta diosa, los colores blanco y plateado, incluyendo flores blancas y el agua, son sagrados. Nos recuerda que contamos con su protección y con su amor y que es importante afrontar cada día como si fuese una bendición.

**Para trabajar con ella:** lleva ropa plateada y bisutería del mismo color; quema incienso lunar, como jazmín, mirra o coco; echa unas gotitas de agua de flores en la entrada de tu casa para atraer la energía protectora de Auchimalgen. Coloca velas blancas en tu altar y dedícale una joya de plata.

## YEMAYÁ – LA DIOSA YORUBA DE LAS AGUAS

Yemayá es una orishá, o espíritu, yoruba y la diosa del océano. Es el origen de todas las aguas, incluidos los ríos del África occidental. Toda forma de vida nace de ella, y se dice que ella es quien se encarga de mantener esa vida. Una diosa maternal y protectora que cuida de sus hijos y nos ayuda a aliviar nuestras penas. En el vudú haitiano es una diosa de la Luna que, según cuenta la leyenda, protege a las madres y a sus hijos. Es la legítima reina del océano y, aunque es paciente y no pierde los papeles a la primera de cambio, cuando algo la exaspera puede convertirse en una tormenta violenta y destructiva. Yemayá también se ocupa de los asuntos de la femineidad, por lo que su energía tranquilizadora y nutritiva es perfecta para rituales relacionados con la fertilidad y otros problemas de la mujer. Hay quien afirma que también es la guardiana del subconsciente y la sabiduría ancestral, pues todos esos secretos yacen en las profundidades del océano. Reina sobre el océano vivo, es decir, el océano donde los peces nadan y la luz baila; el orishá Olokin, en cambio, reina sobre las profundidades del mar. Y juntos, Yemamá y Olokin, representan el equilibrio.

CUANDO INCLUIMOS A LA LUNA EN NUESTRAS PRÁCTICAS, TRABAJAMOS CON EL REINO MÁS SUTIL, CON NUESTRA DIVINA OSCURIDAD, CON NUESTRO PODER, CON NUESTROS CICLOS.

**Para trabajar con ella:** pasa tiempo cerca del océano u otros cuerpos marinos; siéntate bajo la luz de la Luna; y lleva sus colores, azul y blanco. Decora el altar con estos colores y con conchas y bendícelo con agua del mar en su nombre.

## ISIS – LA DIOSA EGIPCIA DE LA SALUD, EL MATRIMONIO Y LA SABIDURÍA

Isis, también conocida como la diosa de los mil nombres, era la diosa egipcia de la fertilidad, la maternidad, la magiak y la Luna. De hecho, su nombre podría interpretarse como «Diosa del Trono». Esposa de Osiris y madre de Horus, el dios del Sol, Isis era venerada por su capacidad de ayudar a la gente a solucionar sus problemas usando magiak. El culto la adoraba como la «madre fértil perfecta» y siempre se representa como una mujer que lleva una corona o un tocado en forma de buitre.

Aunque Isis estaba asociada con Hathor, una divinidad cósmica, la popularidad de Isis se extendió hasta tal punto que, al final, acabó siendo la única diosa egipcia venerada por todo su pueblo. La civilización egipcia también honraba a deidades lunares masculinas pero, puesto que Isis simboliza el amor, la fertilidad y el romance, también suele relacionarse con la energía lunar. Nos permite vivir las relaciones con gran intensidad, nos protege y nos mantiene. Nos recuerda nuestros talentos personales y nuestros secretos emocionales más escondidos y siempre nos invita a explorar este espacio.

Para trabajar con ella: lleva sus colores, es decir, el plateado y el blanco; trabaja con heliotropo o cornalina; lleva un *tyet* (nudo de Isis), un amuleto de protección contra el mal; medita con ella; contempla la Luna; y pídele su bendición y ayuda durante tus prácticas mágikas.

## KUAN YIN – DIOSA ASIÁTICA DE LAS ORACIONES, LAS MUJERES Y LOS NIÑOS

Técnicamente, Kuan Yin (también conocida como Kwan Yin, Quan Yin y Guanyin) no es una diosa. De hecho, es una *bodhisattva*. Estaba destinada a convertirse en un Buddha, o en un «ser de luz», pero prefirió quedarse en la Tierra para así poder dar respuesta a los rezos y oraciones de madres y niños y salvarlos de todo sufrimiento y dolor. Es conocida por su compasión y su misericordia. Kuan Yin suele asociarse con la Luna, lo cual nos recuerda que siempre nos está escuchando y vigilando, dispuesta a ofrecernos compasión, luz y amor. Puesto que es una diosa maternal, Kuan Yin es protectora y amorosa, cualidades que comparte con la energía de la Luna.

**Para trabajar con ella:** rézale; observa la Luna; bebe té negro a su salud y déjaselo como ofrenda; decora tu altar con flores de loto y arcoíris; deja pastelitos dulces y fruta fresca como ofrenda; y rézale por sus bendiciones, protección y amor.

## SELENE – LA DIOSA GRIEGA DE LA LUNA

Hermana de Helios, el dios del Sol, y de Eos, la diosa del amanecer, Selene es la única deidad griega que simboliza y encarna la Luna. Aunque suele asociarse con la diosa Ártemis, Selene posee una identidad distinta y se representa como una mujer montada como una amazona sobre un caballo o en un carro tirado por cabestros con alas. Se venera a esta diosa en luna nueva y luna llena y se dice que obtiene su poder de su carruaje. Selene era una deidad importante para los agricultores, por lo que siempre la incluían en sus rituales cotidianos. Controla el tiempo, el poder de inducir el sueño y de iluminar la noche.

**Para trabajar con ella:** decora tu altar con imágenes de la Luna; utiliza piedra lunar; observa la Luna; lleva sus colores, plateado y blanco; adorna tu altar con rosas y velas blancas; invócala durante la luna llena y la luna nueva.

# Creando una diosa: práctica guiada

Trabajar con diosas, o con cualquier deidad, es una práctica muy habitual, además de coherente. De hecho, se recomienda hacerlo a diario. Es como una canción que suena de fondo a lo largo del día. Venerar a una diosa no significa meditar durante varias horas seguidas, ni trasladarte a un mundo paralelo alejado de la realidad. Es una invitación a crear tu propio vínculo con esa divinidad en particular de una forma tangible y comprensible. Y esa conexión, al igual que tu forma de ver y practicar la brujería, no tiene por qué ser parecida a la de otra bruja. Lo importante es tu intención y tu dedicación, por no mencionar el amor.

Una forma fácil de establecer una conexión con la energía de una diosa es creando un altar. Puedes dedicarlo a la Luna o a una diosa en particular. Purifica y venera ese espacio siempre que puedas y considéralo tu templo. Meditar con la energía de una diosa o simplemente invocarla antes de una meditación son otras formas de trabajar con ella. Puedes vestir sus colores, llevar sus metales o tejidos favoritos, quemar su incienso favorito y crear una conexión muy especial con ella. Sal a dar un paseo por la noche y busca la Luna en la inmensidad del cielo. Háblale, implórale compasión y trata de sentirte conectada a ella. Dejar ofrendas es otra forma de demostrar tu devoción. Para mí, una de las mejores formas de venerar a una diosa es crear obras de arte en su honor. Dibuja, escribe un poema, haz fotografías, prepara un banquete en su honor, baila, canta y venérala. Encuentra un vínculo entre la diosa que has elegido y tú. Dedícale un hechizo, invócala durante tus rituales para que te ofrezca su energía y compasión y reserva unos minutos cada día para hablar con ella y mostrarle tu adoración.

## CARGAR OBJETOS Y TALISMANES CON ENERGÍA LUNAR

Puedes aprovechar la energía de la Luna para cargar todos tus objetos con su luz. Si hay luna llena, saca tus cristales, talismanes, iconos, cartas del tarot y cualquier otro elemento que quieras para que se empapen de su luz. La propia energía de la Luna purificará y cargará estos objetos sagrados. Conseguirás el mismo resultado con la energía del Sol. Si lo deseas, puedes dejar tus talismanes y piedras al aire libre durante veinticuatro horas para que así su carga energética sea más fuerte y poderosa (aunque algunas piedras, como la amatista, el citrino, la fluorita, el cuarzo rosa y el cuarzo gris no deberían recibir luz solar directa).

Otra forma de utilizar la energía de la Luna es aprovechar sus rayos para cargar agua. Es preferible utilizar agua de manantial o agua mineral, pero cualquier otra te servirá. Una opción es poner cristales dentro del agua para que también se carguen de su energía; la piedra lunar o el cuarzo son perfectos para esto. Puedes utilizar el agua energizada como tu propia agua bendita (consultar capítulo 8, página 273), pero también en rituales o para invocar a los elementos.

Cuando estés cargando estos objetos, también puedes recurrir a la Diosa o a una diosa en particular, como Selena o Yemayá, y pedirle su compasión, bendiciones y energía.

# Ritmos de la Luna

Aquellas mujeres que aún tienen la menstruación pasan por un ciclo muy intenso cada mes. Nuestros cuerpos se preparan para sustentar una nueva vida o para mudar la piel. A lo largo de los ciclos lunares, la luz de la Luna crece y mengua, igual que algunos aspectos de nuestros cuerpos, por lo que podemos aprender de nuestros cuerpos fijándonos en nuestros ciclos menstruales.

## LUNA BLANCA

Las que sangran durante la luna nueva o luna menguante siguen lo que se denomina un «ciclo de luna blanca». Se dice que la Tierra es mucho más fértil durante la luna llena, es decir, cuando las mujeres con un ciclo de luna blanca ovulan. Si sangras durante este periodo, enseguida notarás ciertos cambios: tu intuición se volverá más aguda y perspicaz y tendrás la necesidad de recargarte, renovarte y nutrirte. Puesto que la luna nueva representa un nuevo comienzo, un volver a empezar, igual que tu menstruación, tendrás la gran suerte de poder supervisar tu ciclo mensual del mismo modo en que supervisas tus objetivos del mes. Durante esos días, presta especial atención a tu sexto sentido, a tus entrañas, a tu intuición. La luna nueva u oscura puede ser una medicina muy intensa y, si coincide con la menstruación, las sensaciones se intensifican una barbaridad. Cuida de ti como mejor te convenga: date un baño ritual, crea obras de arte, llora, aporrea un cojín, grita, estírate en el suelo y respira, o chilla y desahógate. Concédete ese placer y dedícate a tu cuerpo.

## LUNA ROJA

Las mujeres que sangran durante la luna llena y la luna creciente siguen un «ciclo de luna roja». Y eso significa que tu periodo más fértil coincide con la luna nueva y la luna menguante. En la Antigüedad, este ciclo estaba relacionado con el chamanismo, las grandes sacerdotisas y las curanderas, pues se dice que las mujeres que tienen la menstruación durante esta fase lunar utilizan sus energías oscuras de una forma más evidente y reconocible. En lugar de replegarse en sí mismas, como hacen las que siguen un ciclo blanco, aquellas que sangran durante la luna llena suelen sentirse más inspiradas para hacer trabajos relacionados con la creatividad, el crecimiento personal y la encarnación. La energía de la luna llena es muy potente, por lo que intensificará tus sensaciones y sentimientos durante este periodo. Te aconsejo que, si realizas algún esfuerzo, ancles bien tu energía. Las mujeres que siguen el ciclo de la luna roja suelen utilizar todos sus conocimientos y sabiduría para instruir a los demás, así que canaliza tu energía y utiliza tus pasiones para compartir tu amor. Haz un ritual de Luna, date un baño ritual, crea una obra de arte, sal a bailar o, simplemente, conéctate con la luna llena para disfrutar de su energía.

Tanto si sigues un ciclo lunar blanco como un ciclo lunar rojo, existen otras formas de sincronizarte con la Luna. Escribir un diario o utilizar aplicaciones como Period Tracker puede ayudarte a conocer tu ciclo menstrual. Recuerda que es fundamental respetar las horas de descanso y llevar un ritmo vital de acuerdo con la luz del día y de la noche. Solo así tu cuerpo recuperará su ritmo habitual. Pasar tiempo bajo la luz de la Luna, como si estuvieses tomando el Sol, al más puro estilo Morticia Addams, es otra forma de reconectarte con Mamá Luna.

Debes tomarte la menstruación como un periodo de renovación y conexión sagradas que puede cambiarte la vida. A la mayoría de nosotras nos avergüenza nuestra menstruación, y todo por un estigma social. Pero la menstruación es natural, es hermosa y nos permite forjar una conexión más profunda entre nuestro cuerpo, la Luna y el mundo natural. Y, para mí, eso es algo muy especial.

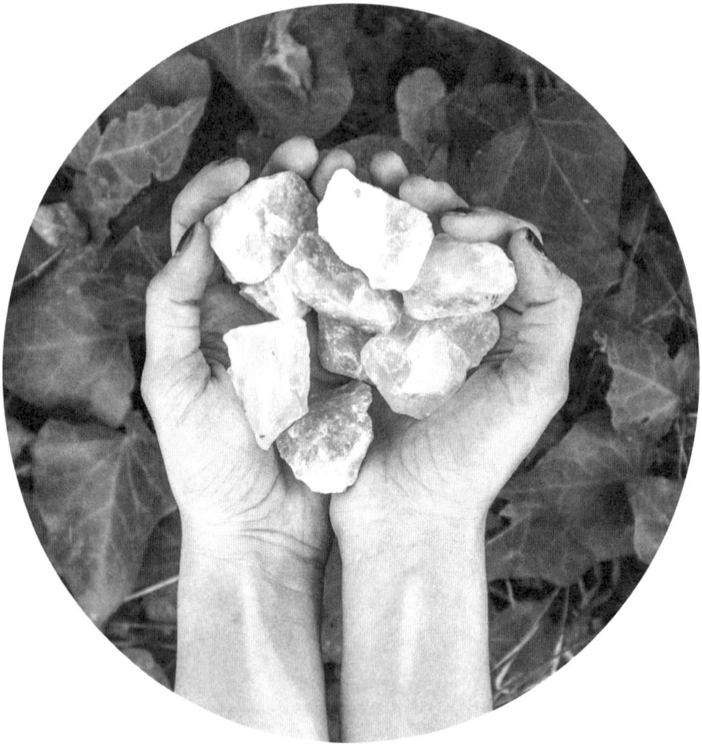

# CAPÍTULO 7
# El abecé de los cristales y la astrología

Los cristales y la astrología son dos esenciales que no pueden faltar en el kit de herramientas básico de cualquier bruja. Son como los ladrillos de una casa, o como las letras de un alfabeto. En cuanto te familiarices con la energía del Cosmos y la energía de la Tierra y aprendas su lenguaje, conocerás todos los secretos de los cristales y la astrología. De este modo, podrás aplicarlos en tus propios hechizos y rituales.

Para empezar, los cristales. No os voy a engañar: los cristales están de moda. En casi todas las tiendas hay un cristal o una piedra preciosa, como cuarzo rosa o amatista, ya sea porque están en venta o como elementos decorativos. Los cristales son como maestros, regalos que nos ofrece la Tierra para así ensalzar nuestra energía y restaurar el equilibrio energético. Y, por supuesto, lo hacen de la forma más extravagante posible.

Un cristal es un trozo del alma de la Tierra que ha cobrado forma física. Puedes notarlo con tan solo mirarlo, pues todos los cristales contienen un inmenso poder, por no mencionar su sorprendente belleza. Contemplar un cristal es sentir su fuerza; cabe recordar que todos los cristales tienen una estructura molecular perfecta. De hecho, son tan perfectos que, cuando nuestras auras interactúan con ellos, nos ayudan a realinear nuestras energías. Sí, realmente hacen milagros.

Los cristales son como bibliotecas de conocimiento y sanación a las que podemos acceder si invocamos su energía, o con tan solo su presencia. Los cristales son tan antiguos como la Tierra y han evolucionado junto a ella; están esperando a que liberemos su potencial y así nos puedan sanar. Para dar rienda suelta a su poder, puedes crear una tabla de cristales (consultar páginas 235 y 236) e incorporar piedras a tu magiak o, aún más fácil, puedes llevar un anillo de jade para atraer el amor. El método es irrelevante; su magiak está ahí, esperando a que alguien la suelte y la libere.

# Cristales para todos los gustos

Existen tantos cristales distintos en el mundo que es casi imposible saber por dónde empezar. Te recomiendo que busques una tienda de piedras y minerales, o una tienda metafísica, ya sea *online* o en tu cuidad, y eches un vistazo a los distintos cristales para ver cuáles llaman tu atención. Los cristales son muy oportunos y suelen aparecer en nuestro camino justo cuando más los necesitamos, y es imposible saber cómo ni por qué.

Lee la lista que aparece a continuación y descubre algunas de las piedras más poderosas que existen en el mundo. Son fáciles de encontrar y te ayudarán a emprender tu aventura en el mundo de los cristales.

## AMATISTA

Es una piedra que puedes encontrar en cualquier tonalidad de lila, púrpura y lavanda. La encontrarás sin problema en cualquier tienda porque es de las más utilizadas. Es una piedra protectora y sanadora con una gran vibración espiritual. Puedes llevarla para evitar la embriaguez o para que te ayude a superar una adicción, pues te permite acceder a un nivel más alto de la realidad. Además de ser una de las piedras más espirituales, ayuda a alimentar nuestro amor por lo divino a la vez que nos permite ver nuestra verdadera naturaleza. La amatista también ensalza nuestros talentos psíquicos, por lo que es perfecta para sanar cualquier tipo de problema, para purificar el alma y para estimular la garganta y el chakra de la corona.

## CITRINO

Puedes encontrarlo de color amarillo, ámbar y marrón grisáceo, aunque la variedad más habitual suele ser de una tonalidad amarilla con toques anaranjados. El citrino es como el Sol hecho cristal y ayuda a revitalizar, energizar y regenerar; además, siempre trae consigo una sensación de calidez a todos los rituales de sanación. Es una piedra que estimula la creatividad y, puesto que se purifica sola, no es necesario que lo hagas cuando quieras recurrir a ella. Esto significa que sirve para purificar y limpiar los chakras, sobre todo el chakra del plexo solar y el chakra sacro. Pero sus propiedades no terminan aquí: ayuda a abrir el chakra de la corona y de la intuición, compensa el cuerpo sutil y actúa como un aura protectora, pues nos avisa siempre que necesitamos un poco más de protección.

## CUARZO ROSA

No existe una piedra más amorosa y tierna que esta. La encontrarás en cualquier tonalidad de rosa. El cuarzo rosa es la piedra que representa el amor puro e incondicional. Nos invita a explorar nuestro corazón y a abrirlo y, por este motivo, es el cristal más importante para el corazón, y para el chakra del corazón. Nos permite acceder a un espacio de sanación y abertura y es muy útil y eficaz para tratar traumas y crisis sentimentales. El cuarzo rosa nos enseña a amar desde el corazón y puede usarse para atraer el amor y el romance. Esta piedra también sirve para sustituir la energía negativa con vibraciones de amor y restaura la confianza y la armonía. En resumen, es una piedra perfecta con un sinfín de propiedades: abre el corazón, alivia la pena y el dolor, transforma los obstáculos en oportunidades y elimina todo aquello que ya no nos sirve para nada.

## CUARZO TRANSPARENTE

A pesar de que puedes encontrar esta piedra en una amplia variedad de tonalidades, lo cierto es que el transparente no ostenta ningún color. Es uno de los cristales con mayor poder sanador del planeta y, por si fuera poco, ensalza e intensifica la energía de una forma increíble y acentúa las propiedades de cualquier cristal que utilices y combines con él. El cuarzo transparente funciona con cualquier tipo de persona; restaura su energía y se la devuelve en perfecto estado. Además, ayuda a purificar y realzar los cuerpos físicos y sutiles y a conectar la mente con el reino físico. Este cristal puede reflejar cualquier color, de forma que puede usarse a todos los niveles. También nos ayuda a estar en armonía con nuestro objetivo espiritual y estimula la concentración y la memoria. Esta piedra puede usarse para cualquier tipo de sanación y ayuda a equilibrar todos los chakras al mismo tiempo que alinea el cuerpo más sutil.

## FLUORITA

La fluorita puede encontrarse en varios colores: verde, amarillo, azul, lila, marrón e incluso transparente. Es una piedra muy protectora y conecta el cuerpo sutil con el cuerpo físico. Ayuda a purificar y estabilizar el aura y, por si fuera poco, la mantiene a salvo de cualquier manipulación psíquica y de influencias exteriores. Esta piedra también aleja la negatividad y el estrés, por lo que es una de las mejores para tratar el desorden. La fluorita también nos ayuda a conectarnos con el Cosmos y con nuestra naturaleza espiritual, pues ensalza la intuición y acelera el despertar espiritual. Si se asocia con el progreso y la evolución, este cristal sirve para deshacer y eliminar patrones de comportamientos no deseados y centra nuestra atención en el subconsciente, lo cual es muy útil para dejar atrás ideas preconcebidas y acercarnos más a la verdad.

## GRANATE

Esta piedra la encontrarás en varias tonalidades: rojo, naranja, amarillo, verde, rosa, negro y marrón. Es un energizante muy potente que, según dicen, ayuda a reequilibrar y reenergizar los chakras. Y, además, transmite una sensación de poder y propósito. El granate es conocido por sus propiedades protectoras, pero lo cierto es que también puede usarse para tratar asuntos relacionados con el amor y la devoción. Este cristal es muy especial para las mujeres, pues nos concede el poder que merecemos y nos ayuda a despojarnos de la vergüenza o el pudor que a veces implica decir la verdad. También puedes colocar el granate sobre el tercer ojo para observar el pasado.

## JADE

El jade puede ostentar muchos colores, incluyendo el crema, el lavanda, el rojo y el blanco, aunque lo más habitual es encontrarlo en verde. Está relacionado con el chakra del corazón, por lo que ensalza y estimula las energías del amor. Se dice que esta piedra trae buena suerte y amistad y, además, es un símbolo de paz, pureza y serenidad. El jade nos ayuda a reconocer nuestra experiencia espiritual como seres humanos en esta vida; además, nos permite aprovechar este conocimiento y conectar nuestra mente con nuestro cuerpo. Es un cristal que también ayuda a calmar la mente y a alejar los pensamientos tóxicos y las ideas negativas. El jade, sobre todo el verde, se suele utilizar para aliviar el sistema nervioso y armonizar relaciones dañinas o que no funcionan bien. En el plano físico, se puede usar para purificar los órganos filtradores del cuerpo.

## LAPISLÁZULI

Una piedra de color azul oscuro con motas doradas, así es el lapislázuli. Es un cristal que ayuda a abrir el tercer ojo y a equilibrar el chakra de la garganta. El lapislázuli, una piedra con un valor espiritual inmenso, puede servirnos para multitud de cosas: para interpretar sueños, para desarrollar habilidades psíquicas, para emprender viajes espirituales, para conectarnos con nuestros guías espirituales y para armonizar el cuerpo a un nivel físico, emocional, espiritual y mental. Además, el lapislázuli también es perfecto para las mujeres que temen ese momento en que dejan de ser niñas para convertirse en mujeres. Pero ahí no acaban sus propiedades; esta piedra nos sirve como guía para hallar la verdad interior, para liberar toda nuestra rabia contenida y para tratar los problemas comunicativos del chakra de la garganta. Nos ayuda a expresar nuestras opiniones al mismo tiempo que nos permite enfrentarnos y reconocer la verdad. Esta piedra estimula la creatividad y magnifica los pensamientos.

LOS CRISTALES SON TAN ANTIGUOS COMO LA TIERRA Y HAN EVOLUCIONADO JUNTO A ELLA; ESTÁN ESPERANDO A QUE LIBEREMOS SU POTENCIAL Y ASÍ NOS PUEDAN SANAR.

## ÓNICE

El ónice, que puedes encontrar en color negro, blanco, amarillo y rojo, es una piedra muy poderosa que nos ayuda a sincronizarnos con nuestro objetivo vital. Nos proporciona claridad en momentos difíciles y confusos y nos conecta con el guía de nuestro Yo Superior, siempre ofreciéndonos una sensación de fortaleza y coraje. El ónice es una piedra de conexión, por lo que nos ayuda a ver el camino que tenemos delante y nos proporciona vigor y resistencia. Puesto que el ónice puede absorber la energía de la persona que lo lleva, es muy útil para rituales sobre vidas anteriores y para sanar antiguas heridas y traumas. Además, esta piedra también alivia las preocupaciones y los miedos y nos ayuda a equilibrar las energías del cuerpo.

## TURMALINA

La turmalina puede ser de varios colores, entre ellos: negro, marrón, rojo, amarillo, verde, azul, rosa intenso y turquesa. Sin embargo, el color que todo el mundo suele asociar con esta piedra es el negro. La turmalina es una piedra protectora y sanadora; transforma la energía más densa en una vibración mucho más ligera. ¿Cómo? Pues purificándola. La turmalina protege, purifica y equilibra los chakras, además de ofrecer protección durante cualquier ritual o práctica mágika. Esta piedra también te ayudará a comprenderte a un nivel mucho más profundo, pues te invitará a explorar nuevos caminos, como el de la creatividad, la confianza en ti misma y la seguridad personal. La turmalina negra está asociada con el chakra base y ayuda a alejar pensamientos negativos para que así puedas pensar y ver con mayor claridad.

# Las piedras y los chakras

Tal y como puedes ver en la tabla que aparece a continuación, los cristales están conectados con los chakras. Estos son los centros energéticos del cuerpo, tal y como expliqué en el capítulo 3; cada uno de ellos posee unas propiedades únicas y está relacionado con un color en particular. Si tienes la sensación de que un chakra está desequilibrado, elige un cristal para recuperar ese equilibrio y medita con él. Aquí tienes una lista muy útil para conocer y familiarizarte con toda esta información:

| Color | Chakra | Propiedades del cristal | Piedras |
|---|---|---|---|
| Rojo | Raíz | Fuerza, vitalidad, sanación, estimulación, alivio de la ira, pasión, anclaje y conexión. | Rubí, granate, jaspe rojo, heliotropo y coral. |
| Naranja | Sacro | Energía, confianza en uno mismo, sexualidad, seguridad, sentido del yo, erotismo y pasión. | Cornalina, topacio, calcita naranja, citrino, ópalo de fuego y jaspe naranja. |
| Amarillo | Plexo solar | Intelecto, sabiduría, plano superior, ecualizador del sistema nervioso, creatividad, vitalidad y felicidad. Combate la depresión. | Topacio, citrino, ojo de tigre, turmalina amarilla y ámbar. |
| Verde | Corazón | Amor, armonía, abundancia, creatividad, cariño, atracción, resplandor, energía universal. | Esmeralda, turmalina verde, malaquita, jade, venturina, ágata verde, cuarzo verde, jaspe verde y labradorita. |

| Color | Chakra | Propiedades del cristal | Piedras |
|---|---|---|---|
| Azul | Garganta | Inspiración, devoción, espiritualidad, verdad, discursos en público, compartir y expresión de uno mismo. | Zafiro, lapislázuli, topacio azul, aguamarina, turquesa, turmalina azul y obsidiana azul. |
| Púrpura / Índigo oscuro | Tercer ojo | Logros espirituales, dominio personal, visiones psíquicas, intuición, interpretación de sueños, visiones y canalizaciones. | Zafiro, azurita, fluorita púrpura y obsidiana de color azul eléctrico. |
| Blanco / Blanco violáceo | Corona | Dominio espiritual, logros espirituales, conexión con guías y ángeles, conciencia cósmica y sanación. | Cuarzo, jaspe púrpura, turmalina transparente, zafiro lila, amatista y fluorita. |

# Purificar las piedras

Los cristales son seres energéticos que necesitan amor y cuidado, igual que nosotras. Purificar un cristal significa eliminar cualquier exceso de energía que pueda haber absorbido y limpiar cualquier impureza energética. Cuando purificamos nuestros cristales, lo hacemos básicamente por dos razones: para poder trabajar con ellos o para cargarlos con una intención.

Por suerte, existen muchas formas de purificar un cristal. A continuación encontrarás una lista con los métodos más conocidos y utilizados. Aunque es un proceso que puede hacerse bastante rápido, te aconsejo que veneres ese momento de purificación y dediques unos minutos en visualizar y sentir su energía con tu ojo mental y con tu corazón. Te recomiendo que estés en plena naturaleza mientras purificas tus piedras, aunque soy consciente de que no siempre es posible.

- Usar humo sagrado: puedes pasar tu piedra por humo sagrado de salvia o palo santo, por ejemplo.

- Luz de Luna: dejar los cristales bajo el resplandor de la luna llena no solo purificará su propia energía, sino que además se cargarán de energía lunar.

- Agua: utilizar agua natural, como la del mar, o de un río o de una cascada, sería lo más apropiado en este caso, aunque el agua del grifo también servirá. Sumerge tu piedra en el agua e imagina que la energía de la piedra se desprende y sube a la superficie. (Nota: algunos cristales no pueden meterse en agua porque sus propiedades no lo tolerarían, como la rosa del desierto, la selenita, la turmalina, la calcita, la sal rosa del Himalaya y la malaquita en caso de agua caliente.)

- Citrina: tal y como he mencionado antes, es una piedra que se purifica sola, así que si la colocas junto a otras piedras, las purificará.

- Enterrarlas bajo tierra: cava un agujero bien profundo y entierra todas tus piedras en la Tierra para así restaurar su energía.

- Sal: deja los cristales en un cuenco lleno de sal. La sal marina y la sal rosa del Himalaya son muy poderosas. Pero cuidado: las piedras que no deberían sumergirse en agua tampoco deberían sumergirse en sal, incluyendo las geodas, pues son porosas.

- Sonido: utilizar un gong, campanillas, carrillones de viento o tu propia voz son métodos de purificación mediante el sonido. Otro purificador muy eficaz es dar palmaditas sobre la superficie de la piedra.

- Velas: puedes pasar la piedra por la llama de una vela blanca, pero hazlo rápido para que no se queme. Visualiza todas las energías e impurezas de la piedra e imagina que se convierten en un rayo de luz blanca y sanadora.

- Visualización: sujeta la piedra en tu mano no dominante e imagina que una luz blanca aleja cualquier rastro de energía negativa de la piedra y que convierte todas sus impurezas en un resplandor blanco y sanador. Mantén esta imagen en tu mente hasta que tu ojo interior considere que ya está purificada.

# Cargar una piedra

Cuando cargamos o programamos un cristal, en realidad estamos transmitiéndole una intención. Por poner un ejemplo, puedes cargar un cristal porque necesitas protección, amor, confianza, abundancia o abordar un tema de salud específico. Lo más probable es que ya tengas algunos cristales en mente con los que quieres trabajar y transmitir una intención en particular. Sin embargo, otro método es preguntarle directamente a la piedra en qué quiere ayudarte. Esto es muy útil cuando escogemos una piedra por pura intuición, sin saber ni conocer sus propiedades o propósito. Primero, pídele al cristal en qué estaría dispuesto a ayudarte y, para ello, utiliza la meditación para conocer tu cristal (página 239). Y después cárgalo siguiendo el siguiente método.

## PASO 1: PURIFICAR LA PIEDRA Y ANCLAR LA ENERGÍA

Utiliza uno de los métodos mencionados anteriormente para purificar la piedra y después ancla tu energía.

## PASO 2: CARGARLA

Sujeta la piedra en tu mano no-dominante. Imagina que tu corazón empieza a irradiar una luz blanca que se va extendiendo hasta envolverte por completo. Después, imagina que esa luz blanca aleja cualquier tipo de energía negativa de la piedra y que ese vacío lo ocupa un resplandor blanco y sanador. Ahora, transmite a la piedra la intención que desees, o la que la piedra te ha sugerido. Pídele ayuda, guía y compasión. Mantén esa imagen en tu tercer ojo y siente que la intención se funde con la piedra.

## PASO 3: ANCLAR LA ENERGÍA

Cuando hayas terminado, imagina que toda es luz blanca vuelve a la piedra. Ancla tu energía; para ello, apoya la frente en la Tierra o imagina que la cuerda dorada se retrae y vuelve de nuevo a tu cuerpo.

## PASO 4: TRABAJAR CON LA PIEDRA

Ha llegado el momento de trabajar con la piedra; sujétala con tu mano no dominante y respira hondo, medita con ella y úsala en todos tus hechizos y rituales, o colócala en el altar, en tu mesita de noche o debajo de la almohada. También puedes crear obras de arte con la piedra, energizar agua o, simplemente, hablar con ella.

### MEDITAR PARA CONOCER TU CRISTAL

La meditación que te propongo a continuación me la enseñó mi amiga Momo; es una forma maravillosa de conocer tu piedra y de saber si tiene alguna intención o mensaje para ti. Para esta meditación puedes utilizar cualquier piedra, pero los cristales transparentes funcionan especialmente bien.

Elige la piedra que quieres cargar de energía y sujétala en tu mano no dominante. Cierra los ojos, concéntrate en tu respiración y conéctate con la Tierra. Cuando te sientas relajada y tranquila, imagínate que te has encogido y estás frente a tu cristal. De repente, ves una puerta tallada en la superficie. Abres la puerta y entras dentro de la piedra. Empiezas a explorar su interior desde una perspectiva sensorial. ¿A qué huele? ¿Cómo te sientes ahí dentro? ¿Hace frío? Mira a tu alrededor: ¿qué ves? ¿Hay habitaciones escondidas o alguna anomalía que llame tu atención?

Después de explorar el cristal, pregúntale cómo querría ayudarte.

Tómate unos minutos para comprobar si sientes, oyes o ves algo, como una señal. También puedes «inspirar» el cristal con tu propia intención y rogarle que actúe en tu nombre.

Puedes explorar el cristal todo el tiempo que quieras y así disfrutar de su energía. Si has recibido un mensaje de la piedra, interioriza el mensaje. Explícale al cristal que has comprendido el mensaje y que vas a trabajar con él siguiendo sus indicaciones. Dale las gracias y después sal por la puerta.

Repite esta meditación siempre que quieras. Si tu piedra te ha comunicado su intención o su mensaje, asegúrate de honrarlo y venerarlo. Purifica la piedra de vez en cuando y recuerda darle las gracias por su amor.

## UN HECHIZO DE RED DE CRISTAL PARA APROVECHAR TU INTENCIÓN

Una red de cristal es un patrón geométrico de cristales que utiliza un cristal principal como punto energético. Los cristales que están alrededor transmiten la intención deseada a la piedra central, de forma que, cuando el hechizo está terminado, el cristal sigue manteniendo la energía de toda la red. Si no sabes qué aspecto tiene este patrón, busca «redes cristalinas» en Internet y resuelve tus dudas.

**Necesitarás:** un cristal que actúe como piedra central; varios cristales que se correspondan con tu intención (te aconsejo que, como mínimo, utilices ocho piedras pequeñas). Opcional: una foto de un patrón geométrico sagrado.

### Paso 1: Elegir una intención y un cristal central

Tener clara la intención y escoger el cristal principal son los aspectos más importantes de este ejercicio. El cuarzo transparente funciona de maravilla como piedra central, pues intensifica la energía de los cristales que lo rodean. No te costará encontrar este cristal en tu tienda metafísica habitual y, además, es muy fácil de cargar. Sin embargo, puedes utilizar cualquier otra piedra como cristal central, incluida tu piedra de poder, si ya has elegido una. Deberías purificar y cargar el cristal con la intención deseada; cuanto más tiempo dediques a la piedra central antes del hechizo, mejor. Te aconsejo que, después del ejercicio, y de desmontar la red, sigas trabajando con la piedra central, ya que estará cargada de la energía de las otras piedras.

## Paso 2: Anclar la energía

Después de haber meditado bien la intención y de haber elegido el cristal central, es momento de conectarse y anclarse. Siente que la Tierra te sujeta y te sostiene y visualiza la cuerda dorada desde la base de tu columna vertebral hasta la Tierra. Siente que la energía te sujeta y te sostiene.

## Paso 3: Montar la red

Puedes montar la red sobre tu altar, sobre un trozo de papel o sobre una fotografía o un patrón geométrico sagrado que hayas impreso previamente. Coloca la piedra principal en el centro de la red y pon el resto de cristales a su alrededor; mientras lo haces, sujeta cada piedra en la mano y conéctate con su energía para recordarle tu intención. Puedes hacerlo pronunciando una palabra que represente tu intención, como «amor», «salud» o «abundancia», por ejemplo. Empieza por las piedras que aumenten e intensifiquen la energía de la piedra central, como trozos de cuarzo transparente y puntas de cristales transparentes. Aunque otra opción muy recomendable es utilizar piedras que ensalcen tu intención. Si trabajas con puntas de cristales, recuerda que si las colocas apuntando a la piedra central, atraerán la energía del Universo y que si las colocas mirando hacia fuera, conectarán el cristal con las energías del Universo. No hay una forma correcta de crear una red, aunque seguir cierta simetría parece funcionar muy bien. Colocar los cristales en los distintos puntos cardinales también ayuda a alinear las piedras con la energía de los elementos. Escucha tu intención mientras sigas añadiendo piedras a la red.

### Paso 4: Activar la red

Cuando sientas que tu red cristalina está terminada, ha llegado el momento de cargarla. Para ello, pasa la mano por encima de la red siguiendo el sentido de las agujas del reloj mientras le pides que se active y termina en la piedra central. Sostén las manos justo ahí durante unos segundos y ruégales a los seres, guías, deidades o maestros con los que sueles trabajar que te ayuden a activar este cristal con tu intención deseada.

### Paso 5: Anclar la energía

Después de activar tu cristal, ancla tu energía. Apoya la frente en la Tierra o siéntate y medita. Sea cual sea el método que elijas, imagina que todo el exceso de energía regresa a la Tierra y al Universo, donde honrará tu intención.

### Paso 6: Mantener la red

Coloca la red de cristales en algún lugar tranquilo y poco transitado, como tu altar. Cuanta más energía transmitas al cristal, más tiempo permanecerá activo. Se aconseja mantener la red cristalina durante un par de semanas, sobre todo desde la luna nueva hasta la luna llena. Y, si te resulta imposible, intenta mantener la red durante al menos seis horas. Cuando desmontes la red, sigue trabajando con la piedra central, pues la energía colectiva de la red seguirá almacenada en su interior. ¡Y, *voilà*! Ahora ya tienes una piedra nueva, poderosa y cargada con la que trabajar.

# Astrología

Hoy en día, cuando conocemos a alguien, solemos preguntarle varias cosas, entre ellas, su signo del zodíaco. Y es que en los últimos años la astrología ha pasado de ser una práctica que «daba yuyu» a todo un mundo por explorar que la mayoría nos tomamos muy en serio. Leemos nuestro horóscopo, comparamos nuestras cartas astrales con nuestros amigos y prestamos especial atención al Cosmos porque sabemos que sus mensajes son primordiales. Aquellas que comprobáis vuestros horóscopos de forma diaria, semanal y mensual, os recuerdo que ese tipo de horóscopos tan solo revela una parte de nuestra carta astral.

Una carta astral es como una especie de mapa que muestra dónde estaban los cuerpos celestiales más importantes, como los planetas y la Luna, el día en que nacimos. Pero cuando leemos nuestro horóscopo, tan solo leemos nuestros signos solares, es decir, los que revelan dónde estaba el Sol en el momento en que nacimos. Puesto que tan solo es una pieza del rompecabezas, es lógico que, a veces, nuestros horóscopos no sean del todo fieles a la realidad. Además de un signo del Sol, también poseemos un signo de la Luna, de Mercurio, de Venus, etc. No podemos olvidarnos del signo ascendente, que indica el signo del zodíaco que se levanta por el horizonte en el momento exacto del nacimiento. Esta posición cambia cada dos horas pero, aunque no sepas el momento exacto en que naciste, puedes calcular el resto de tu carta astral.

Así pues, además de ser un mapa del cielo, una carta astral es como un esquema personalizado, como un diseño cósmico que puede ayudarnos a conocernos y a saber por qué somos como somos. Sin embargo, una carta astral no es una guía de tu destino que predice el futuro y revela la vida que llevarás hasta el fin de tus días. Tenemos voluntad propia y no hay nada escrito que no pueda cambiarse. Tu carta astral, igual que el tarot, es un mapa de tu alma y de tu verdadero yo. Refleja el modo en que te mueves por el mundo y puede darte varias pistas de aquello que desconoces de ti misma, lo cual te permitirá entender el modo en que te relacionas con el mundo y la gente que te rodea. La astrología no es una ciencia que pretende revelarte el futuro, sino tu propia verdad.

Existen multitud de páginas web donde puedes conseguir tu carta astral gratis, como astrostyle.com, cafeastrology.com y astro.com. También hay varias aplicaciones (mi favorita es Time passages) que te ayudarán a calcular tu carta. Muchas te proporcionan información detallada que te ayuda a interpretar la carta. Así sabrás por qué eres como eres. A continuación encontrarás una carta astral muy sencilla que te servirá como referencia:

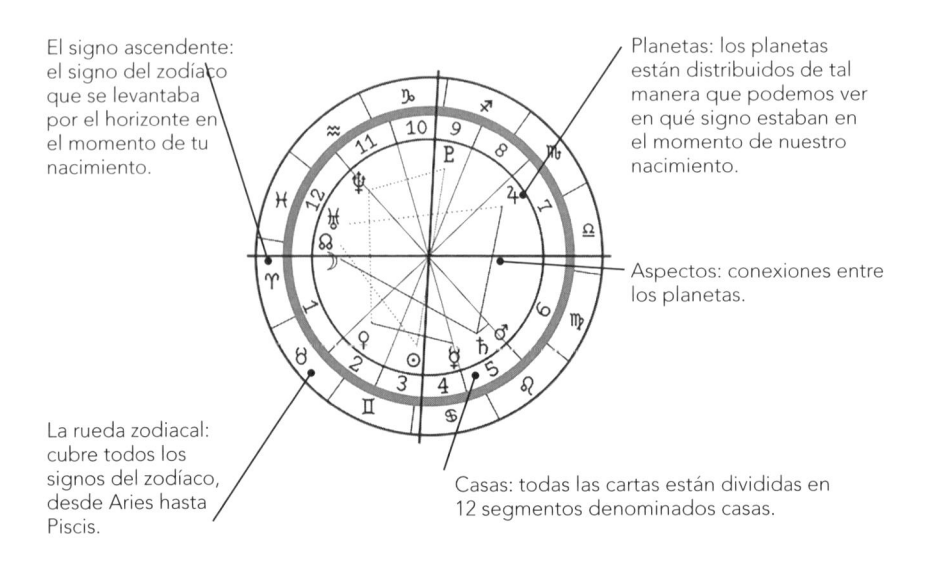

El signo ascendente: el signo del zodíaco que se levantaba por el horizonte en el momento de tu nacimiento.

Planetas: los planetas están distribuidos de tal manera que podemos ver en qué signo estaban en el momento de nuestro nacimiento.

Aspectos: conexiones entre los planetas.

La rueda zodiacal: cubre todos los signos del zodíaco, desde Aries hasta Piscis.

Casas: todas las cartas están divididas en 12 segmentos denominados casas.

Cuando observes tu carta astral, verás que está representada por una rueda, conocida como la rueda zodiacal. Si fuese un reloj, la rueda empezaría a las nueve en punto (izquierda) y se movería en sentido contrario a las agujas del reloj. El último anillo está dividido en doce partes, una por cada signo del zodíaco. Y, en cada uno de los zodíacos, habrá otro anillo, también dividido en doce secciones numeradas, conocidas como casas. Cada casa está gobernada por el signo del zodíaco con el que se cruza, lo que significa que las características del signo zodiacal se verán reflejadas en la casa. Cada casa contiene un mapa con varios cuerpos celestiales y planetas distribuidos; así podremos saber en qué signo estaban cuando nacimos. Aunque el Sol, la Luna y el Nodo Norte no son planetas, los astrólogos los tratan como tal, y su posición en el zodíaco es tan importante como la de cualquier otro planeta. Lo mismo ocurre con Plutón, aunque ya no se considera un planeta.

Mi amiga Kelsea describe los tres rasgos principales de la carta astral a la perfección. En sus propias palabras: «Los planetas (partes de nuestra naturaleza) son los actores, los signos (que describen cómo somos) son el papel que interpretan y las casas (o partes de nuestra vida) son el escenario». En cuanto conozcas un poco más los planetas, las casas y los signos zodiacales, empezarás a ver el modo en que interactúan, se solapan y se influencian entre sí. Y eso quiere decir que empezarás a darte cuenta de cómo interactúas con otras personas, ¡y con sus cartas astrales!

Esta es una guía muy sencilla y básica que te ayudará a comprender tu carta astral, pero tan solo es el principio. Hay muchos más aspectos que debes tener en cuenta; los astrólogos siguen el rastro de los movimientos de los planetas y de sus tránsitos, es decir, el recorrido de los planetas a través del zodíaco en tu carta astral.

## TÉRMINOS ASTROLÓGICOS ÚTILES

Si vas a adentrarte en el apasionante mundo de la astrología, necesitas familiarizarte con algunos términos. A continuación encontrarás una lista con algunos términos básicos:

- Aspectos: las conexiones o relaciones entre dos o más planetas.

- Conjunciones: cuando dos o varios planetas están muy cerca.

- Mercurio retrógrado: Mercurio, el planeta de la comunicación, la tecnología y los viajes, se vuelve retrógrado (consultar más abajo) durante unas semanas, alterando así cualquier plan de viaje, averiando algún aparato tecnológico o trayéndonos a personas del pasado a nuestra vida. Estos días retrógrados nos obligan a movernos de una forma más consciente y lenta. Dado el caso, debemos hacer una copia de todos nuestros archivos tecnológicos, no organizar ningún viaje o excursión y, a poder ser, evitar firmar cualquier tipo de contrato o documento legal. También es un momento perfecto para recuperar proyectos pasados, pero no para empezar nuevos. Si estás de viaje, tómatelo con calma y haz un esfuerzo consciente para moverte despacio y con cautela.

- Retrógrados: ocurre cuando un planeta pasa por delante de la Tierra y parece girar en dirección opuesta a la habitual, lo que provoca que todos los aspectos gobernados por ese planeta se vuelvan un poco caóticos. Cada planeta tiene un retrógrado, pero el más habitual es el Mercurio retrógrado, que suele ocurrir unas cuatro veces al año.

- Retornos: un tránsito que ocurre cuando un planeta retrocede y se coloca justo donde estaba en el momento en que naciste. Por ejemplo, un cumpleaños es un retorno solar, es decir, cuando el Sol está en la misma posición que estaba cuando naciste.

- Retorno de Saturno: un tránsito muy intenso que suele ocurrir, por primera vez, alrededor de los veintinueve años, cuando Saturno emprende el viaje de vuelta al lugar donde estaba cuando naciste. El dicho «lo que no te mata te hace más fuerte» es cierto. El retorno de Saturno te ayudará a comprender quién eres y a modificar lo que no te gusta.

- Cuadrados: cuando dos planetas están a 90 grados de distancia en el círculo (de la carta astral).

- Tránsitos: cuando un planeta pasa por delante de otro planeta en tu carta astral. Por ejemplo, Saturno está transitando tu Sol natal (es decir, Saturno se mueve hacia donde está el Sol en tu carta astral).

- Trígono: cuando dos planetas están a 120 grados el uno del otro en el círculo de la carta astral.

# Los signos del zodíaco

Los signos del zodíaco representan nuestra personalidad, cómo nos expresamos, cómo nos mostramos ante los demás y cómo nos relacionamos con el mundo que nos rodea. Son las partes polifacéticas de nuestro ser, y representan la manera en qué actuamos y lidiamos con los asuntos vitales. Cada signo está representado con un símbolo o un dibujo, que se utiliza en la carta astral, y con un arquetipo que abarca la energía de ese signo.

| Signo | Características |
|---|---|
| Aries (el Carnero) | Apasionado, emprendedor, expresivo, energético, líder y fuerte. |
| Tauro (el Toro) | Lujoso, con los pies en el suelo, práctico, fiable, estable, leal, resuelto y sensual. |
| Géminis (los Mellizos) | Dual, comunicativo, visionario, reflexivo, flexible, ocurrente, ingenioso y muy expresivo. |
| Cáncer (el Cangrejo) | Sensible, intuitivo, emocional, compasivo, imaginativo, sentimental y romántico. |
| Leo (el León) | Divertido, dramático, cariñoso, asertivo, espontáneo, generoso, tolerante y honesto. |
| Virgo (la Virgen) | Con los pies en el suelo, organizado, analítico, lógico, inteligente, metódico, práctico y flexible. |
| Libra (la Balanza) | Justo, equilibrado, tolerante, sociable, diplomático, expresivo y cariñoso. |

| Signo | | Características |
|---|---|---|
| Escorpio (el Escorpión) | ♏ | Intenso, sexual, transformador, poderoso, decidido, misterioso y apasionado. |
| Sagitario (el Arquero) | ♐ | Humanitario, visionario, expansivo, trascendental, idealista, generoso, entusiasta y honesto. |
| Capricornio (la Cabra) | ♑ | Disciplinado, persistente, práctico, metódico, ingenioso, responsable y racional. |
| Acuario (el Aguador) | ♒ | Original, innovador, amable, independiente, pionero, intuitivo, intenso, humanitario y progresista. |
| Piscis (los Peces) | ♓ | Sensible, tierno, intuitivo, emocional, compasivo, soñador, artista, expresivo y receptivo. |

# Los planetas

Como he mencionado antes, los planetas son como actores en nuestra vida y cada uno representa una parte distinta de nuestra naturaleza inherente y, por lo tanto, sus motivaciones e impulsos también son diferentes. Además, cada planeta es del color que representa su signo. Por ejemplo, según mi carta astral, mi Sol está en Acuario, así que las características de Acuario (original, innovador, amable) están expresadas a través del filtro del Sol (consciencia, naturaleza inherente y expresión personal). Y lo interpreto de la siguiente manera: me expreso de forma original e innovadora y pongo mucho énfasis en mostrarme tal y como soy. Una vez más, los planetas son los actores de una situación y los signos, el papel que interpretan.

En cualquier carta astral, la Luna, el Sol y los signos ascendentes son los elementos clave. Si bien el Sol representa el modo en que te expresas y te mueves por el mundo, la Luna simboliza tu mundo interior y tus emociones. Tu signo ascendente, que era el signo que se asomaba por el horizonte cuando naciste, representa la manera en que la gente te percibe. Sí, las cartas astrales contienen mucha más información, pero estos tres elementos son muy importantes y son un buen punto de inicio para familiarizarte con su interpretación.

| Planeta | Características |
| --- | --- |
| Sol ☉ | Sentido de identidad, vitalidad, nuestra naturaleza, espíritu, voluntad, expresión personal y creatividad. |
| Luna ☾ | Emociones, intuición, qué yace bajo la superficie, reflexión, instintos, respuestas y necesidades. |
| Mercurio ☿ | Inteligencia, forma de pensar, comunicación, nuestra mente, palabras, pensamientos, escritura, discurso, lógica e ideas. |
| Venus ♀ | Amor, sexo, belleza, glamur, estética, armonía, placer, pasiones, creatividad y romance. |
| Marte ♂ | Actividad, afirmación, fuerza, ira, conflicto, competición, acción y propósito. |

| Planeta | | Características |
|---|---|---|
| Júpiter | ♃ | Generosidad, expansión, entusiasmo, fortuna, optimismo, verdad y ser extrovertido. |
| Saturno | ♄ | Estructura, disciplina, control, sabiduría, trayectoria, suerte, apoyo, límites y karma. |
| Urano | ♅ | Despertar, cambio, innovación, logros, originalidad, invención y actitudes poco convencionales. |
| Neptuno | ♆ | Imaginación, misterio, inspiración, intuición, compasión, amor, sueños, ideales y fantasía. |
| Plutón | ♇ | Transformación, dinero, muerte, cambio, renacimiento, propósito, miedos, renovación y límites conscientes. |
| Nodo Norte (donde estaba la Luna en relación a otros planetas cuando naciste) ☊ | | Destino, crecimiento personal, crecimiento espiritual y karma. |

# Las casas

Las casas son el escenario sobre el que los planetas y los signos del zodíaco interactúan, lo que significa que estarán gobernados por asuntos relacionados con esa casa. Las casas representan las distintas partes de nuestra vida, igual que los palos de una baraja. Una representa nuestra personalidad, otra nuestro hogar, otra nuestras fianzas, etc. Cada planeta y cada signo modificarán el elemento que representa cada casa. Pero ahí no acaba la historia: cada casa tiene su propio gobernante, que está asociado con la energía de la casa, denominado «gobernante natural». La primera casa está asociada con el primer signo del zodíaco, Aries; la segunda casa, con el siguiente signo, Tauro; y así sucesivamente.

En mi carta astral, el Sol está en Acuario en la cuarta casa, que gobierna sobre el elemento de la familia, el hogar, las emociones y las rutinas. Según mi interpretación, por eso hago tanto hincapié en el hecho de nutrirme y cuidarme (emociones), en tener un espacio propio y personal (hogar) y en tener un pequeño grupo de personas a mi alrededor (rutinas emocionales); a los Acuario les gusta ir en contra del *statu quo*, algo que siempre he hecho, pues nunca he tenido un grupo de amigos muy numeroso y siempre he decorado mi casa a mi propio estilo.

Echa un vistazo a tu carta astral y comprueba las intersecciones entre los signos, planetas y casas, pues te ayudará a comprender el lenguaje de la astrología. Y, si te interesa el tema y quieres profundizar un poco más, te animo a que estudies las cartas astrales de tu entorno más cercano. Como siempre, mi querida bruja, déjate guiar por tu intuición. Tu carta astral no se parecerá a la de nadie más (a menos que tengas un hermano gemelo, ¡como yo!). Nadie te conoce mejor que tú, así que confía en tus instintos cuando estés leyendo tu carta. Ver cómo interactúan todos los elementos, es decir, los planetas, signos y casas, no solo te ayudará a comprender la carta, sino también a ti misma.

| Casa | Características | Gobernada por |
|---|---|---|
| Primera | Personalidad, intereses personales, liderazgo, nuevos comienzos, el yo interior y la apariencia. | Aries |
| Segunda | Posesiones, seguridad personal, sueldo, dinero y valores. | Tauro |
| Tercera | Comunicación, transporte, hermanos/as, viajes locales, información y discusiones. | Géminis |
| Cuarta | Familia, hogar, padres, la madre, emociones, hábitos, tus «cimientos» y la femineidad. | Cáncer |
| Quinta | Creatividad, asuntos amorosos, romance, drama, atención, juego, arte y entretenimiento. | Leo |
| Sexta | Trabajo, riqueza, salud, bienestar, dieta, servicio, organización y rutina. | Virgo |
| Séptima | Relaciones, colaboraciones, contrato, matrimonio, acuerdos empresariales, consciencia social. | Libra |
| Octava | Intimidad, sexo, muerte, nacimiento, transformación, misterios, vínculos afectivos, riqueza de otras personas y posesiones. | Escorpio |
| Novena | Viaje, filosofía, educación superior, pensamiento, viajes lejanos, moralejas y ética. | Sagitario |
| Décima | Imagen pública, estructuras, corporación, carrera profesional, política, responsabilidades, el padre, recompensas y autoridad. | Capricornio |
| Undécima | Amistades, servicio, grupos, trabajo cooperativo, causas humanitarias, originalidad y excentricidad. | Acuario |
| Duodécima | Vida interior, finales, complexiones, el subconsciente, espiritualidad y desarrollo espiritual y el más allá. | Piscis |

## CRISTALES PARA CADA ELEMENTO

Cada signo del zodíaco está relacionado con uno de los cuatro elementos: Tierra, Aire, Fuego y Agua. Trabajar con cristales que se correlacionan entre sí puede ayudarnos a pulir y perfeccionar una energía elemental. Por ejemplo, dependiendo de dónde estén colocados los planetas en tu carta astral y en qué signo zodiacal hayan caído (recuerda que los signos están marcados alrededor del círculo exterior de la carta), verás que también está representado uno de los elementos. Por ejemplo, en mi carta astral, casi todos los planetas están bajo signos relacionados con el Aire y el Agua. Si este es tu caso, trabajar con cristales puede ayudarte a complementar y equilibrar estas energías.

Además de tener un vínculo con los elementos, los signos pueden clasificarse según sean cardinales, fijos o mutables. Los signos cardinales son Aries, Cáncer, Libra y Capricornio, los iniciadores del zodíaco y grandes amantes de la acción. Los signos fijos son Tauro, Leo, Escorpio y Acuario, que se caracterizan por ser firmes y dependientes. Los signos mutables son Géminis, Virgo, Sagitario y Piscis, es decir, signos con la capacidad de adaptarse a cualquier situación. Puedes trabajar con las piedras asociadas con los elementos de estos signos para aprovechar su energía mutable, cardinal o fija.

SIGNOS DE TIERRA: Tauro, Virgo, Capricornio

Cristales: pirita, jade, cuarzo gris, ámbar.

Los signos relacionados con la Tierra son: prácticos, estables, leales y tienen los pies en el suelo.

Si en tu carta no aparece el elemento de la Tierra, la pirita te ayudará a conseguir una energía estructurada, lo que te permitirá sacar tus proyectos adelante con entusiasmo y confianza. El jade, en cambio, te ablandará el corazón, te ayudará a conectar con él y con tu propósito y te proporcionará un sentido de armonía. El cuarzo gris te servirá para conectarte con tu chakra raíz y, si lo colocas a los pies de la cama, hará que tu cuerpo energético encuentre un suelo firme sobre el que apoyarse mientras duerme. El ámbar purificará y limpiará tu cuerpo energético; liberará toda la energía que se ha quedado atascada en tu cuerpo para que así puedas alcanzar un estado más espiritual.

Otras piedras con las que trabajar: turmalina negra, ónice negro.

SIGNOS DE AIRE: Géminis, Libra, Acuario

Cristales: sodalita, piedra lunar, amatista.

Los signos relacionados con el Aire son: pensadores, creativos, comunicativos, expresivos y dinámicos.

Si en tu carta no aparece el elemento del Aire, la sodalita te ayudará a conectar con tu intención y te permitirá acceder a la información desde un plano superior. Trabaja con piedra lunar negra durante la Luna nueva para manifestar tus intenciones y con piedra lunar blanca o multicolor durante la luna llena para deshacerte de lo que ya no necesitas. Si sientes que últimamente estás un poco despistada o atolondrada, te aconsejo que trabajes con la amatista, ya que abre el tercer ojo y equilibra el chakra de la corona. Coloca un puñado de estos cristales en algún lugar de la casa para distribuir la energía.

Otras piedras con las que trabajar: lapislázuli, selenita.

SIGNOS DE FUEGO: Aries, Leo, Sagitario

Cristales: citrino, cornalina, ópalo de fuego.

Los signos relacionados con el Fuego son: apasionados, expansivos, visionarios, grandes pensadores, energéticos y apasionados.

Otras piedras con las que trabajar: granate, cuarzo transparente.

SIGNOS DE AGUA: Cáncer, Escorpio, Piscis

Cristales: cuarzo rosa, ágata azul, kunzita, crisocola.

Los signos relacionados con el Agua son: cariñosos, intuitivos, sensibles, emocionales y soñadores.

Si en tu carta no aparece el elemento del Agua, intenta sumergirte en tus emociones y, para ello, trabaja con cuarzo rosa o con aceite de masaje de cuarzo rosa. Esta piedra te permitirá explorar tus necesidades emocionales. Por otro lado, la kunzita te ayudará a encontrar el amor incondicional y a despertar tu corazón. La kunzita también te protegerá contra cualquier forma de energía negativa no deseada. El ágata azul te ayudará a expresar tu verdad y, al mismo tiempo, te proporcionará una sensación de serenidad y paz. Esta piedra también calmará cualquier sentimiento de rabia e ira, lo cual te servirá para encontrar nuevas formas de expresión personal.

Otras piedras con las que trabajar: lapislázuli, fluorita.

Ya es oficial: ¡estás en el camino correcto que te llevará a comprender el lenguaje de las estrellas! ¿La buena noticia? Que a partir de aquí todo es más divertido. A medida que vayas aprendiendo los secretos y misterios de la astrología, y también de tu propia carta astral, empezarás a conocer a tu verdadero yo. No me malinterpretes; no cambiarás la percepción de ti misma de repente, pero sí podrás entender por qué eres como eres y por qué haces las cosas como las haces. Y, más allá de esto, lograrás comprender cuál es tu lugar desde una perspectiva mucho más amplia y general. La astrología no predecirá tu destino, pero sin lugar a dudas te ayudará a planificar y a organizar el futuro, ya que te mostrará partes de ti misma que no conocías y sacará lo mejor de ti.

¿Otra ventaja de la astrología? Es una herramienta muy útil para comprender a otras personas y relacionarte con ellas de una forma más holística y compasiva. No tardarás en averiguar por qué tu madre, cuando está en su Luna de Leo no es tan receptiva con tus emociones como lo es una amiga en Luna de Cáncer. Y por fin entenderás por qué, cuando haces una presentación ante tu jefe junto a un Virgo, necesitas ser un poco más organizada y analítica.

Si continúas estudiando astrología, no tardarás en pedir a todo tu entorno toda la información relacionada con su nacimiento para así poder diseñar su carta astral. Y, cuando lo hagas, podrás comprender mucho mejor vuestra relación, tanto desde un punto de vista emocional, como físico y espiritual. La astrología es como un puente que nos conecta a todos, ya que, a ojos del Cosmos, todos somos iguales, todos somos polvo de estrellas. Sí, la forma de ese polvo de estrellas es distinta en cada uno de nosotros, pero si aprendemos a identificar esas diferencias, seremos capaces de ver todas nuestras similitudes.

Que la astrología te ayude a encontrar compasión y empatía hacia los demás. Que la astrología te sirva para conocer la forma en que te relacionas con el mundo que te rodea. Que te permita aprender nuevas formas de comunicarte con la gente que más quieres en la vida. Que te revele los secretos de ti misma para así poder conocerte mejor. Y, sobre todo, que te ayude a dar un poco más de sentido al mundo en que vives.

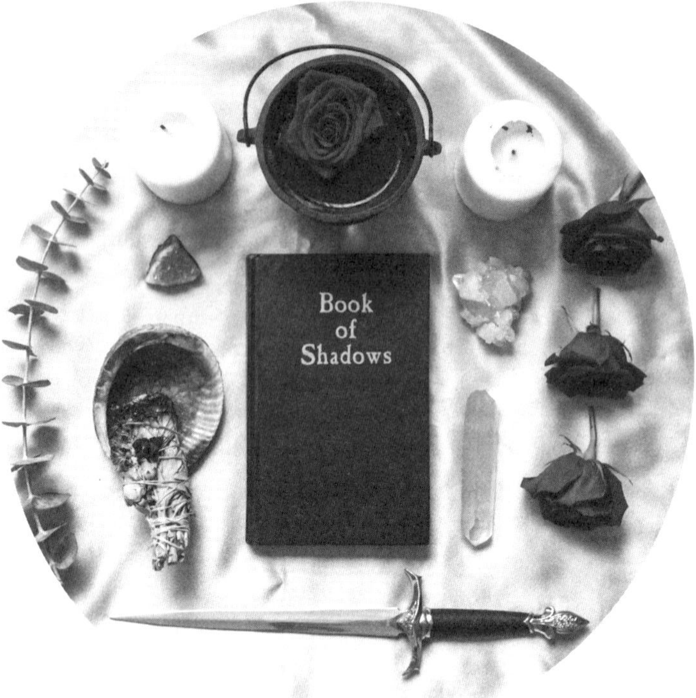
Book
of
Shadows

CAPÍTULO 8

# No recurras al grimorio de tu abuela

En este capítulo encontrarás una guía básica sobre las distintas formas de magiak, unas pautas muy sencillas para hacer rituales y hechizos y unas tablas de correspondencias. Así, a medida que vayas evolucionando en este mundo, podrás empezar a crear tu estilo propio de magiak. Esta sección te ayudará a escribir tus propios hechizos, a crear tus rituales y a combinar hierbas, cristales y velas para que así puedas elaborar un grimorio personalizado, hecho a tu medida, un grimorio que se adapte a tu propia forma de brujería.

Espero que te inspire y te anime a seguir tu aventura por el mundo de la brujería. Como siempre, escucha a tu corazón y a tu intuición. Venera tu propio camino como bruja y utiliza tus pasiones para crear una magiak que esté hecha a tu medida.

# Guía básica para un ritual

Los rituales pueden cumplir distintos objetivos o propósitos pero, en términos generales, sirven para conectarnos con algo más importante que nosotros mismos. Un ritual también es una forma de consuelo y el mero hecho de conocer los pasos que hay que seguir nos permite ser más conscientes de lo que estamos haciendo y, por lo tanto, conectarnos con el Universo de una forma más completa. Hay rituales para el amor, para la abundancia, para la protección, para la sanación, para todo; y cada cultura, cada tradición, cada civilización, cada familia y cada persona tendrá su colección de rituales. Crear uno propio y utilizarlo a menudo es una manera muy especial de trabajar tu propia magiak.

A continuación encontrarás una guía básica que puedes adaptar según tus deseos y necesidades. Tal vez no necesites crear un círculo e invitar a los elementos cada vez, o puede que el ritual sea honorario y, por lo tanto, no tengas que visualizar un cono de poder. O a lo mejor bastará con anclar la energía, crear un círculo y después dar rienda suelta a tu imaginación. Sea como sea, el objetivo de un ritual es conectarte con tu intención, pero también conectarte con tu propio poder y el del Universo. Ya está. Pregúntate qué necesitas, qué necesita tu magiak y qué proceso es el más apropiado para ti y, a partir de aquí, ¡manos a la obra!

Crea tu propia guía de rituales en tu grimorio y, a medida que vayas practicando, ve añadiendo los detalles. Así podrás echar la vista atrás y revisar lo que hiciste el año anterior; es una forma de ver la evolución de tu magiak. Además, te servirá como guía personal a la que puedes recurrir siempre que quieras.

## PASO 1: PREPARAR EL ESPACIO Y A UNO MISMO

Para preparar el espacio puedes quemar palo santo, frankincienso y salvia, purificar, limpiar todas las superficies con agua de flores o de Florida, esparcir sal en las esquinas, utilizar agua bendita o pasar un ramillete de canela. Prepara tu altar y coloca todos los talismanes, cristales, hierbas y demás elementos que necesites. Y no olvides de prepararte tú: date un baño o una ducha ritual, vístete con cierta ropa, quítate cierta ropa, échate unas gotas de ese perfume que tanto te gusta… en definitiva, haz lo que sea necesario para sentirte cómoda en el espacio.

## PASO 2: ANCLARSE Y RESPIRAR

Conectarte con la Tierra y controlar la respiración es una forma muy eficaz de centrar la energía, pues nos permite crear magiak. Puedes anclar tu energía tal y como se describe en la introducción, página 33.

## PASO 3: CREAR EL CÍRCULO

Crear un círculo de protección no solo te protegerá a ti, sino también el espacio en el que liberarás toda la energía para que así sea más potente y poderosa. Existen varios métodos para crear el círculo, tal y como se describe en la página 51, como caminar por el espacio, utilizar un *athame* o una varita o incluso imaginar una esfera de protección que nace de tu corazón y se va expandiendo por todo el espacio. Este último método lo encontrarás explicado con más detalle en la página 52.

## PASO 4: INVITAR A LOS ELEMENTOS

Puedes invocar a los elementos, tal y como se describe en el capítulo 1, página 46, colocando tu altar encarado al norte y llamando a cada uno de los elementos desde un punto cardinal distinto: norte/Tierra, este/Aire, sur/Fuego, oeste/Agua.

## PASO 5: INVITAR A LAS DEIDADES, GUÍAS O SERES CON LOS QUE SE TRABAJA

Es el momento de invocar a ancestros, dioses, diosas, maestros, seres fantásticos… o cualquier otro ser con el que quieras trabajar en este momento.

## PASO 6: DECLARAR LA INTENCIÓN

Durante las celebraciones del *sabbat*, la intención y la leyenda de la festividad suele leerse en voz alta o anunciarse. Si quieres, puedes hacer lo mismo con la intención de tu ritual.

## PASO 7: USAR MAGIAK

Si quieres lanzar un hechizo, adivinar el futuro, meditar, crear una obra de arte o cualquier otra cosa, ahora es el momento de hacerlo.

## PASO 8: CONSTRUIR EL CONO DE PODER

Cuando hayas acabado tu ejercicio mágiko, deberás reunir energía para así después liberarla. Puedes hacerlo de varias maneras: cantando, bailando, haciendo yoga vinyasa, etc. El objetivo siempre es elevar la energía que hay en el espacio. Cuando la energía alcance su punto máximo, imagina que en la base de tu círculo de protección se forma un cono. Esta especie de embudo absorbe la energía y la envía al Universo; así, tu magiak podrá manifestarse. Mantén el cono de poder durante varios segundos.

## PASO 9: DESPEDIR A LAS DEIDADES, GUÍAS O SERES QUE HAYAS INVITADO

Dales las gracias por cederte su energía para poder llevar a cabo el ritual.

## PASO 10: DESPEDIR A LOS ELEMENTOS

Si has utilizado los puntos cardinales y los elementos, muévete en sentido contrario a las agujas del reloj alrededor de tu círculo; empieza por el oeste/Agua, sigue con sur/Fuego y este/Aire y acaba con norte/Tierra. Si has invitado a seres fantásticos, despídelos de la misma manera y, por favor, asegúrate de que las salamandras vuelven a su reino.

## PASO 11: CERRAR EL CÍRCULO

Si al empezar el ritual has recorrido el perímetro del círculo, haz lo mismo pero en sentido contrario a las agujas del reloj. Imagina que toda la energía regresa a la palma de tu mano y se va deslizando por tu brazo, por tu corazón y por tus pies hasta volver de nuevo a la Tierra. Puedes decir: «El círculo está abierto, que nunca se rompa», cuando vuelvas al punto inicial del círculo. Si visualizaste una esfera de protección, imagina que la esfera vuelve a tu corazón y desciende por tu columna vertebral hasta regresar a la Tierra.

## PASO 12: ANCLARSE EN LA TIERRA

Apoya la frente y las manos en la Tierra e imagina que toda la energía que no ha podido absorber el cono de poder atraviesa la Tierra hasta llegar a su núcleo y así poder manifestarse. Cuando el ritual haya acabado, come algo, bebe un poco de agua ¡y disfruta!

# Hechizos de tu creación

Los hechizos son algo muy personal; aunque utilices el mismo hechizo que otra bruja, nunca serán iguales. Después de todo, si todos los seres humanos somos distintos, ¿no sería lógico pensar que nuestros hechizos también lo son? Una de las ventajas de los hechizos es que podemos personalizarlos y adaptarlos a nuestros deseos y necesidades. Para mí, el mundo de los hechizos es como un bufet libre: eliges los medios que te llevarán a alcanzar tu objetivo (un plato o un cuenco), el plato principal, el acompañamiento y la bebida. Lo mismo ocurre con la magiak: eliges un método (por ejemplo magiak con velas o con un sigilo), el relleno (las correspondencias que uses) y los aderezos (cualquier cántico o magiak que quieras combinar). Puedes comerte lo que has preparado como si fuese un tapeo (un hechizo rápido) o un banquete de bodas (un ritual completo).

## Cómo escribir tu propio hechizo

Si te apetece elaborar y personalizar un hechizo en un periquete, hazte las preguntas siguientes:

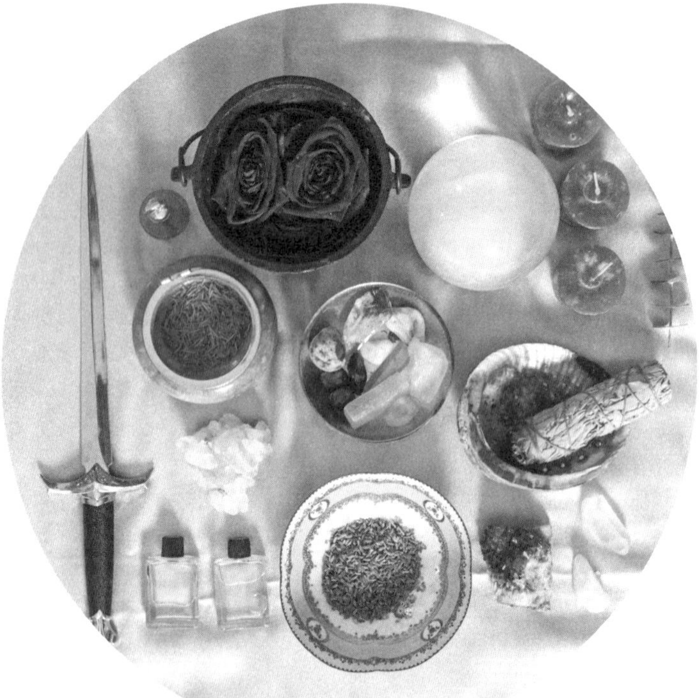

## 1. ¿QUÉ PRETENDES HACER?

¿Quieres atraer o desterrar alguna cosa? ¿O quieres imponer ciertos límites? ¿O prefieres hacer una cosa totalmente distinta? Debes tener muy claro lo que pretendes conseguir con este hechizo.

## 2. ¿QUÉ CLASE DE MAGIAK QUIERES UTILIZAR?

¿Quieres trabajar con magiak de velas, con magiak de sigilos, con magiak sexual? ¿O prefieres hacer un ejercicio de visualización, corporal o energético?

## 3. ¿CÓMO PUEDE EL HECHIZO REPRESENTAR TU OBJETIVO?

¡Sé creativa! Si intentas protegerte de alguien tóxico o agresivo, prueba a dibujar un sigilo protector sobre un mapa de tu vecindario o ciudad. Si lo que quieres es desterrar una sensación que te atormenta, imagina que la quemas. Si prefieres atraer el amor, piensa en cómo dar el amor que quieres recibir. Si has decidido idear un hechizo para algo o alguien en particular, ¿qué puedes utilizar que le represente? Si intentas purificarte, ¿por qué no incorporar un lavado de manos ritual o un baño ritual al hechizo? Escribe una lluvia de ideas para inspirarte. De este modo, si tu objetivo es múltiple, puedes crear un hechizo con varios pasos.

## 4. ¿QUÉ CORRESPONDENCIAS NECESITAS?

Piensa en los colores de vela que puedes utilizar, en los aceites que puedes incorporar, en las hierbas que puedes quemar o añadir a tu magiak, en las cartas del tarot que representan tu objetivo, en los cristales que te ayudarán a canalizar la energía, en elementos como un mechón de pelo, una prenda de ropa u otra cosa que pertenecía a una persona si quieres lanzar un hechizo de destierro, etc. ¿Vas a invocar a algún ser fantástico, deidad o maestro? ¿Necesitas la ayuda de un guía espiritual o de un espíritu animal? Considera tu hechizo como un proyecto que tienes entre manos; ¿qué puedes utilizar para explicar y transmitir el mensaje? Explora Pinterest, echa un vistazo a fotografías y revistas… recuerda que los iconos pueden ser de gran utilidad. Una vez sepas la intención del hechizo y hayas decidido qué tipo de magiak quieras usar, vuelve a leer este capítulo y utiliza la tabla de correspondencias para elegir los aliados energéticos específicos que mejor se adapten a tu hechizo.

## 5. ¿QUÉ VAS A DECIR?

Medita bien tu intención y piensa bien cómo vas a traducirla en el hechizo. Una manera fácil de hacerlo es incluir una frase que lo acompañe. Dedica el tiempo que necesites a escribirla y prueba con prosa y con poesía. La intención debe quedar muy clara para despejar cualquier duda sobre lo que pretendes conseguir. Ten en cuenta los pasos que darás, pues a lo mejor debes escribir varias cosas. Si recordar una frase va a distraerte de tu magiak, entonces opta por algo muy sencillo o por no decir nada. Si quieres, puedes anotar la frase en tu grimorio y colocarlo sobre tu altar para así poderla leer en voz alta.

## 6. ¿CÓMO TRASLADAR TODO ESTO A UN RITUAL MAYOR?

Una vez tengas los pasos básicos del hechizo, piensa en grande e imagina cómo puedes utilizar todos esos elementos en un ritual mucho más importante. ¿Vas a purificarte como parte del hechizo? ¿Te apetece tomar un baño ritual? ¿El modo en que invocas la energía influenciará el hechizo?

## 7. ¿CUÁNDO VAS A PONER EN PRÁCTICA EL HECHIZO?

Ahora que has descrito tu intención con todo lujo de detalles, ha llegado el momento de elegir un día y una fase lunar para llevarlo a cabo. Recuerda que desde luna nueva hasta luna llena manifestamos y creamos, y que desde luna llena hasta luna nueva despedimos y borramos. Si puedes, te aconsejo que pongas en práctica un hechizo nuevo en luna llena o luna nueva. Utiliza la tabla de correspondencias para elegir el día en que vas a utilizar tu magiak.

## 8. ¿VAS A LLEVAR ALGUNA PRENDA EN ESPECIAL?

Por último, pero no por ello menos importante, piensa en qué te vas a poner. ¿Piensas estar desnuda o piensas ponerte un vestido o una capa? Si quieres también puedes comprar algo que solo te pongas para este tipo de ocasiones, es decir, para rituales y hechizos.

Una vez hayas meditado sobre todos estos temas y hayas tomado decisiones, anótalas en tu grimorio, ¡y manos a la obra! No olvides que los hechizos no se crean de un día para el otro, así que ten paciencia. Lo mismo ocurre con los resultados, espera entre dos y cuatro semanas. Toma nota de todos los resultados.

### UNA NOTA SOBRE MAGIAK DE AMOR

Lo sé, lo sé… Crear un hechizo para conseguir que el chico que te gusta se enamore perdidamente de ti es muy, muy tentador. Pero la cuestión es: ¿alguna vez ha funcionado? Siento decirte que no. Sé que suena frustrante, pero un hechizo de amor es una muy mala idea. Todos tenemos voluntad propia y, puesto que existe la posibilidad de que todo vaya mal y acabe en fiasco, lo mejor es evitarlos. Pero no todo está perdido: si quieres utilizar magiak de amor, piensa en los atributos y características que te gustaría que tuviera el amor de tu vida. Observa a tus parejas preferidas y pregúntate qué dinámica sentimental querrías encontrar. ¿Qué desea tu corazón? ¿Qué desea tu alma? ¿Qué anhelas sentir? Crear hechizos desde esta perspectiva te servirá para encontrar algo real y duradero.

# Magiak de velas 101

La magiak que utiliza velas es una práctica que puedes incorporar en tus ejercicios energéticos y mágikos. Si quieres, utiliza esta guía para elegir las velas de tus hechizos y saber con qué decorarlas o adornarlas.

Para la magiak de velas, debes tener en cuenta varios factores, como el color de la vela, los aceites y hierbas que utilizas y el modo en que los aplicas. Puedes mezclar las siguientes propuestas para que así se adapten mejor a tus deseos y necesidades. Echa un vistazo a los apartados de «Cómo crear tu propio hechizo» y «Una guía básica para un ritual» para elaborar tus propios rituales.

## PASO 1: ELEGIR EL COLOR DE LA VELA

El blanco siempre funciona. Además, ¿quién no tiene una vela blanca en casa? Es eficaz para cualquier situación y siempre atrae positividad y protección. Para propósitos más específicos, considera lo siguiente:

| Color | Significado |
| --- | --- |
| Rojo | Pasión, amor sexual, salud y fuego. |
| Rosa | Amor, femineidad, crianza, protección de hijos y sanación del corazón. |
| Naranja | Ánimo, creatividad, estimulación y atracción. |
| Verde | Finanzas, suerte, riqueza, prosperidad y fertilidad. |
| Azul | Serenidad, paciencia, sanación, el océano y femineidad. |
| Lila | Realeza, magiak, poder, ambición, progreso empresarial, espiritualidad y conexión con tu Yo Superior. |
| Negro | Absorbe la negatividad; oscuridad y noche. |
| Blanco | Atrae la positividad; sanación, luz y pureza. |
| Plateado | Energía y protección lunar. |
| Dorado | Riqueza y abundancia. |

## PASO 2: ELEGIR EL ACEITE

Siempre puedes recurrir al aceite de oliva para impregnar la vela, aunque debes saber que existen muchos otros aceites en las tiendas metafísicas, como aceite de amor, aceite específico para velas o aceites esenciales.

## PASO 3: ELEGIR LAS HIERBAS

Aunque este paso es opcional, lo cierto es que las hierbas aportan una dosis extra de energía y harán que tu hechizo sea más poderoso y eficaz. Consulta las Tablas de Correspondencias de las páginas 276 y 277 para decidir qué aceites esenciales y hierbas debes utilizar para tu magiak.

## PASO 4: DECIDIR CÓMO IMPREGNAR LA VELA

**Ungiéndola con aceite:** para hechizos cuyo objetivo sea atraer algo; impregna la vela con el aceite, siempre desde la parte superior hacia el CENTRO y después desde la parte inferior hacia el CENTRO. Si lo que quieres es deshacerte de algo, impregna la vela con aceite, pero esta vez desde el centro hacia arriba y, después, desde el centro hacia abajo.

**Escribiendo sobre la vela:** también puedes escribir tu intención, objetivo o sigilo (como hicimos en los zapatos en la página 167) sobre la vela utilizando un palillo, un bolígrafo o una aguja. Si vas a escribir una frase, sigue el mismo procedimiento que con el aceite, empezando de arriba hacia el centro y después de abajo hacia el centro, si pretendes atraer algo; y, si por el contrario, quieres alejar algo, desde el centro hacia arriba y después desde el centro hacia abajo.

**Hierbas:** esparce las hierbas que hayas elegido sobre las velas. Asegúrate de que toda la vela queda cubierta de aceite y hierbas, pero sin exagerar.

**Escribiendo tu intención en un papel:** cuando tengas la vela preparada, es decir, impregnada con aceite, anota tu intención en un papel. Enciende la vela, lee en voz alta lo que has escrito en el papel, dóblalo y colócalo delante de la vela. Centra toda tu energía en tu intención mientras la vela se consume.

# Magiak sexual 101

La expresión «magiak sexual» engloba toda la magiak que utiliza energía sexual (como pueden ser los orgasmos) como una forma de liberación de energía y magiak. Supongo que ya te habrás dado cuenta de que en más de una ocasión he mencionado que la masturbación es una forma de aprovechar y liberar energía para cualquier hechizo o ritual; sí, esta es una forma de magiak sexual. Mucha gente se equivoca al pensar que la magiak sexual consiste en orgías con el diablo bajo la luz de la luna llena. La magiak sexual utiliza la sexualidad, pero eso no implica necesariamente mantener relaciones sexuales. También surge magiak cuando se libera energía sexual o cuando exploramos nuestra sexualidad. Esto puede tener un significado distinto para cada uno, igual que el sexo, ¡y es perfecto!

La forma más habitual de trabajar con magiak sexual es a través de la masturbación. Esta práctica no es solo completamente normal y natural, sino que es algo que la mayoría hacemos de forma habitual. Pero la diferencia es que la magiak sexual le da un toque distinto. Si te masturbas a la vez que te concentras en manifestar o expresar algo, estás cargando tu intención con energía (tu orgasmo). Y esto resulta muy eficaz cuando se combina con una práctica mágika, como un hechizo, o para crear un cono de poder. Aunque el orgasmo es el objetivo de esta práctica, el hecho de liberar energía es la parte más importante. No te preocupes si no alcanzas el orgasmo, pues la energía es igual de potente.

Y aunque no trabajes con magiak sexual siguiendo este método, también puedes explorar tu propio cuerpo. Si te apetece, puedes crear un ritual alrededor del orgasmo: respira profundamente y descubre qué es lo que te gusta y lo que no. Es una forma de liberar energía y tú eres quien marcará el ritmo. Como siempre, ten paciencia. Y, sobre todo, recuerda que no tienes que hacer nada que te incomode.

## CÓMO PREPARAR AGUA BENDITA

El agua bendita es agua salada energéticamente cargada que puede utilizarse para purificar energías y espacios. También puede usarse para invocar a los elementos, para representar el océano, para limpiar las herramientas de un ritual y para consagrar a personas.

**Necesitarás:** un cáliz; un cuenco o plato pequeño con un poco de sal; agua; un *athame*, ¡o incluso tus dedos!

Paso 1: Llenar el cáliz de agua y conectarse

Llena el cáliz de agua; el agua de manantial funciona de maravilla, pero si te resulta imposible conseguirla, el agua del grifo y el agua filtrada también sirven. Concéntrate en tu respiración e imagina el agua clara, transparente y vibrante de energía.

Paso 2: Añadir tres pizcas de sal

Utiliza el *athame*, o tus dedos, y echa tres pizcas de sal al agua.

Paso 3: Remover en sentido de las agujas del reloj (*deosil*)

Remueve el agua siguiendo el sentido de las agujas del reloj hasta que la sal empiece a disolverse; puedes utilizar el *athame* o incluso un dedo. Mi consejo es que remuevas el agua en múltiples de tres. Y, mientras lo haces, imagina que el agua empieza a teñirse y que pasa de ser cristalina a un color blanco muy, muy brillante. Cuando hayas terminado, coloca la palma sobre el cuenco y pronuncia la siguiente frase:

> *Purifico y consagro esta agua bendita en nombre del Universo y de mi poder.*

Retén esta energía blanca y sanadora en tu mente durante unos segundos más, hasta que la sientas fluyendo por todo tu cuerpo.

¡Y *voilà*! ¡Agua bendita! Puedes echar unas gotas en el umbral de tu casa para protegerla, en las esquinas de las habitaciones para purificarlas, en los elementos que hayas utilizado para decorar el altar para purificarlos y consagrarlos, e incluso en tu tercer ojo para que te ayude a canalizar la energía. También puedes utilizar esta agua para invocar a los elementos o dejarla bajo la luz de la Luna para crear agua lunar. Utilízala en los rituales cuando necesites purificar y en hechizos si quieres una dosis extra de protección o si requieren agua energizada.

## Purificar elementos rituales

Purificar elementos como un *athame* o una varilla es una forma de «limpiar» su energía. Puedes hacerlo nada más comprarlos o cuando sientas que necesitan ser purificados. Te aconsejo que lo hagas en *sabbat*s o *esbat*s, ya que son el momento perfecto.

Puedes decir algo como:

> *Purifico y consagro este [objeto] en nombre del Universo y de mi poder.*

Y, al mismo tiempo, hacer algo como:

- Pasar el humo de frankincienso por el objeto (que puedes quemar sobre carbón para que siga humeando, en caso de no utilizar barritas de incienso).

- Rociar agua bendita sobre el objeto ritual.

- Pasar el objeto por humo sagrado.

- Invocar a los elementos y purificar el objeto con su ayuda y guía, a la vez que utilizas el agua bendita y el humo sagrado para purificarlo y consagrarlo.

- Dejar el objeto bajo la luz de la luna llena y colocar selenita y citrino a su alrededor.

Tu grimorio irá creciendo y evolucionando junto con tu magiak. Deja que tu diario mágiko se vaya extendiendo, y disfruta del proceso. Al igual que tus rituales y hechizos, tu grimorio no se parecerá al de otra bruja. Da igual si lo utilizas como libreta para anotar tus sueños o esperanzas, o si en él describes tu viaje mágico, o si tan solo escribes tus recetas y hechizos; sea como sea, evolucionará igual que tú. Es un proceso maravilloso, así que disfrútalo y, sobre todo, no te olvides de dedicar unas páginas a explicar tu proceso de vez en cuando.

# Tablas de correspondencias

Las correspondencias mágikas se basan en la idea de que todo tiene una cierta carga energética y que, por lo tanto, es válido y eficaz si se utiliza de una determinada manera. Si te familiarizas con las correspondencias de colores, cristales y días de la semana, por ejemplo, podrás aprovechar todos estos conocimientos y aplicarlos en tu práctica de brujería. Además, tu magiak será mucho más intensa y poderosa si trabajas con aliados energéticos que guiarán tu práctica hacia el resultado que deseas.

## Correspondencias de hierbas

| Propósito | Hierbas |
|---|---|
| Amor | Hierbas de Venus, acacia, jazmín, lavanda, muérdago, mirto, valeriana, violeta, rosa, gardenia, manzana y canela. |
| Protección | Albahaca, matricaria, hisopo, laurel, agripalma, ortigas, pachuli, romero, serba, sándalo, frankincienso, mirto, canela, verbena y salvia. |
| Sanación | Clavel, romero, gardenia, ajo, ginseng, lúpulo, menta, azafrán, serba, ruda, eucalipto y yerbabuena. |
| Trabajos psíquicos | Estragón, artemisa, ginseng, hojas de laurel, nuez moscada, azafrán, camomila, diente de león, escutelaria, hierba gatera, clavo y menta. |
| Manifestación | Bambú, haya, diente de león, ginseng, granada, salvia, sándalo, violeta y nuez. |
| Creatividad | Laurel, lavanda, canela, mirto, valeriana y naranja. |
| Desterrar/Alejar | Ortiga, bambú, benjuí, cayena, romero, salvia, frankincienso, mandrágora y yerbabuena. |
| Riqueza | Raíz Juan el Conquistador, lavanda, mandrake, hojas de roble, azafrán, salvia, valeriana, menta, canela y salvia. |

## Correspondencias de días de la semana, planetas, colores, cristales, elementos y hierbas

| Día de la semana | Asociaciones | Planeta | Colores | Cristales | Elementos | Hierbas |
|---|---|---|---|---|---|---|
| Lunes | *Magiak*, misterio, ilusión, Femineidad Divina, emociones, viaje y fertilidad. | Luna. | Blanco, plateado. | Piedra lunar, perla y cuarzo transparente. | Agua. | Camomila, pepino, champiñones, calabaza, algas y rosas silvestres. |
| Martes | Fuerza, valor, pasión y la energía necesaria para afrontar un reto. | Marte. | Rojo. | Heliotropo, granate y rubí. | Fuego. | Albahaca, coriandro, drago, jengibre, ajo, mostaza y cebolla. |
| Miércoles | Comunicación, escritura, cambio, conocimiento y enseñanza. | Mercurio. | Violeta. | Ópalo y ágata. | Aire y Agua. | Zanahorias, eneldo, hinojo, lavanda, perejil, granada y valeriana. |
| Jueves | Prosperidad, abundancia y salud. | Júpiter. | Azul oscuro y púrpura. | Amatista, zafiro y turquesa. | Aire y Fuego. | Fresno, clavo, diente de león, bayas, menta, nuez moscada y salvia. |
| Viernes | Amor, sanación, belleza, elegancia, sexo y fertilidad. | Venus. | Verde, índigo y rosa. | Ámbar, esmeralda y cuarzo rosa. | Tierra y Agua. | Manzana, higo, menta, artemisa, frambuesa, rosa, fresa y violeta. |
| Sábado | Protección, karma y purificación. | Saturno. | Negro, azul y púrpura oscuro. | Perla, ónice, obsidiana, hematita. | Agua y Tierra. | Cáñamo, marihuana, amapola, pachuli, tomillo y tejo. |
| Domingo | Éxito, riqueza, carrera y fama. | Sol. | Amarillo y dorado. | Topacio y diamante amarillo. | Fuego. | Camomila, cítricos, girasol, romero, caléndula y ruda. |

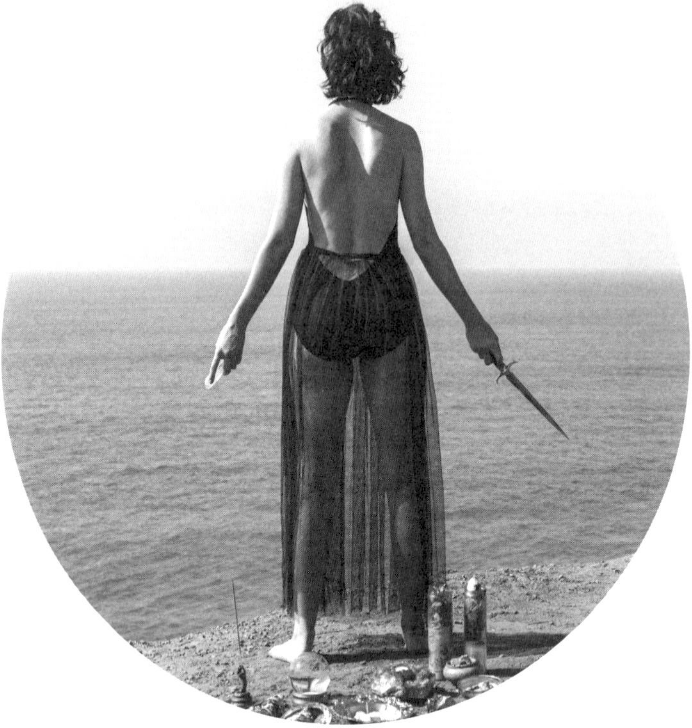

# En conclusión

Así pues, querida bruja, espero que hayas encontrado lo que buscabas entre estas páginas. Ojalá que, después de haber leído el libro, haya logrado iluminar tu espíritu y animarte a seguir el camino de la verdadera magiak, y también espero que aquí hayas encontrado un pedazo de tu alma, de tu potencial, de ese ser salvaje que vive en tu interior. Mi mayor anhelo es que te hayas sentido en tu propio camino en el mundo de la brujería, un camino personal y perfecto que no se parece al de nadie más. Deseo que a partir de ahora veneres todas las cosas que te empujan a crear tu propio estilo de magiak y que te dejes guiar por tu intención en esta gran aventura que es la vida. Y también deseo que honres todo lo aprendido siguiendo y escuchando esa llamada.

También espero que estas páginas te hayan empoderado para ser quien realmente eres. Los caminos de la brujería y la magiak son infinitos, pero solo hay uno que importa, y ese es el tuyo. Honra a todos los que estuvieron aquí antes que tú; venera a tus ancestros y venérate a ti misma a través de la práctica. Y recuerda que serás bienvenida a revisar este libro siempre que lo necesites.

Tu energía es sagrada, tu energía es poderosa y tu energía es transformadora. Nunca olvides quién eres: una bruja increíble y poderosa. Que tu magiak crezca igual que tú. Que tu magiak evolucione igual que tú, y que te ayude a ser consciente de lo que verdaderamente deseas y quieres en esta vida. Con la bendición de la Tierra y el Cosmos, con mi bendición, con la bendición del Universo, encuentra tu magiak, encuentra tu camino, y recuerda cuál es tu verdad.

# LECTURAS ADICIONALES

Ahlquist, Diane, *Moon Spells How To Use The Phases of The Moon To Get What You Want* (Adams Media, 2002).

Beyerl, Paul, *A compendium of Herbal Magick* (Phoenix Publishing, 1998).

Chocoron, Daya Sarai, *Healing With Crystals and Gemstones* (Samuel Weiser, Inc, 1986).

Cunningham, Scott, *Magical Herbalism, The Secret Craft of the Wise* (Llewellyn Worldwide, 2017).

Dale, Cyndi, *El cuerpo sutil: una enciclopedia sobre la Anatomía Energética* (Editorial Sirio, 2012).

Farrar, Janet and Stewart, *A Witches' Bibles The Complete Witches' Handbook* (Phoenix Publishing, 1984).

Gillett, Roy, *The Secret Language of Astrology* (Watkins, 2012).

Hall, Judy, *La Biblia de los cristales* (Gaia Ediciones, 2007).

Mayo, Jeff, *Curso de Astrología* (Ediciones Obelisco, 1984),

Mccoy, Eden, *A Witch's Guide to Faery Folk* (Llewellyn Worldwide, 2003),

Murray, Margaret Alice, *El culto de la brujería* en Europa occidental (Editorial Labor, 1978).

U.D. Frater, *Practical Sigil Magic Creating Personal Symbols For Success* (Llewelyn Worldwide, 2015)

Warrington, Ruby, *Materia Girl, Mystical World* (HarperCollins, 2017).

Wintner, Bakara, *WTF is Tarot… & How Do I Do it* (Page Street Publishing Co, 2017).

# AGRADECIMIENTOS

No puedo expresar lo agradecida que estoy por tener a toda una comunidad de mujeres fuertes, poderosas y maravillosas a mi lado. Pero no querría empezar los agradecimientos sin antes dar las gracias a todas las brujas que vinieron antes que yo y que me han permitido emprender este camino y compartirlo de forma libre y apasionada.

Gracias infinitas a mi agente literario Jill Marr, de Sandra Dijkstra Literary Agency, y a Laura Horsley y a todo el equipo de Ebury Random House; gracias a vosotros, el proceso de escribir mi primer libro ha sido y será inolvidable. Gracias a toda mi familia por su amor y apoyo durante la última década de brujería; no sería quien soy sin vosotros. A mi madre, por haber sido la primera en mostrarme el mundo de la espiritualidad y la magiak; a mi padre, por alimentar y estimular mi amor y curiosidad por lo desconocido; a mi hermana gemela Alexandra, por apoyarme siempre y por ser la autora de las increíbles fotografías que aparecen en este libro. Habéis sido el mejor sistema de apoyo que podría haber tenido y os quiero hasta la Luna, ida y vuelta. A mi Tita (y Tito) por quererme tal y como soy y por darme todo su apoyo. A mi abuelo Harry, a quien sé que habría querido con locura y con quien habría compartido chistes verdes. A mi abuela Rose, a quien nunca podré dedicar suficientes palabras de agradecimiento, por haberme transmitido su amor por las palabras y por la magiak de la moda. A Marissa Patrick, mi mejor amiga y mi alma gemela, que siempre ha estado ahí en cada paso del camino. A mi tía Melissa, por haberme iniciado en este camino; sin ella, no habría llegado hasta aquí. A todos los editores y profesores maravillosos que me han ayudado a llegar hasta aquí. A Ruby Warrington y The Numinous por haberme ayudado a encontrar mi propia voz y mi propia magiak, por haber creído siempre en mí y por haberme dado una oportunidad. A todo el equipo de HelloGiggles por el apoyo y los ánimos. A Marty Preciado, por recordarme mi poder y por no haber dudado de mí en ningún momento.

A NYLON, Gabrielle Korn y Kristin Iversen, por haber creído en mí, por haber visto el potencial que hay en mí como bruja y por haberme dado una plataforma para compartir mi visión. A mi aquelarre, a Alejandra Roxo, por recordarme mi poder, fuerza y divinidad innata. A Kaitlyn Kaerhart, por haber visto mi verdadero yo y por recordarme lo importantes que son las palabras y el alma. A Ivory Woods, por ser mi mejor amiga y mi hada madrina y por haber apoyado mi viaje por este mundo. A Amelia Quint, por haber sido mi bruja astróloga, y a Amanda Sharpley, por ser mi gran apoyo, mi mayor defensora y mi aquelarre en la Costa este. A Miranda Feneberger, a Kelsea Woods y a Ashley Laderer; su amor y apoyo me han ayudado desde el principio del camino. A mi familia de OG y a mis amigos de California, que siempre han confiado en mí, y en mi verdadero yo. A Taylor *Bruja* Cordova, por lo mismo, por el amor y el apoyo que me ha regalado. A Momoko Hill, por su inmenso conocimiento de cristales, por su amor y su alma y porque siempre sabe qué decir. A J.K. Rowling, por todas las brujas que ella creó y que me inspiraron a creer en mi propia magiak. A todos los amigos y a todas las brujas de Twitter e Instagram que he conocido a lo largo del camino, por haber sacado la mejor versión de mí misma y por haberme dado todo su amor y apoyo en este viaje.

**Gabriela Herstik** es escritora, alquimista de modas y bruja. A través de su trabajo en publicaciones como *Nylon, i-D, Broadly, The Numinous, Sabat Magazine* y muchos más, Gabriela se ha hecho un nombre como crítica de moda y escritora, con una tendencia a combinar la espiritualidad y el estilo.

Con su columna mensual «Ask a Witch» para *Nylon*, Gabriela responde preguntas sobre la canalización de la sabiduría antigua en la era moderna.

Abordando la moda, los derechos humanos y el ocultismo desde una perspectiva feminista, Gabriela ofrece también un sentido de empoderamiento a sus lectoras.
En la actualidad, Gabriela Herstik vive en Los Ángeles y es una de las figuras más relevantes de la nueva brujería moderna.